若の里自伝

たたき上げ

西岩 忍

青森で活発な
子ども時代を
過ごした

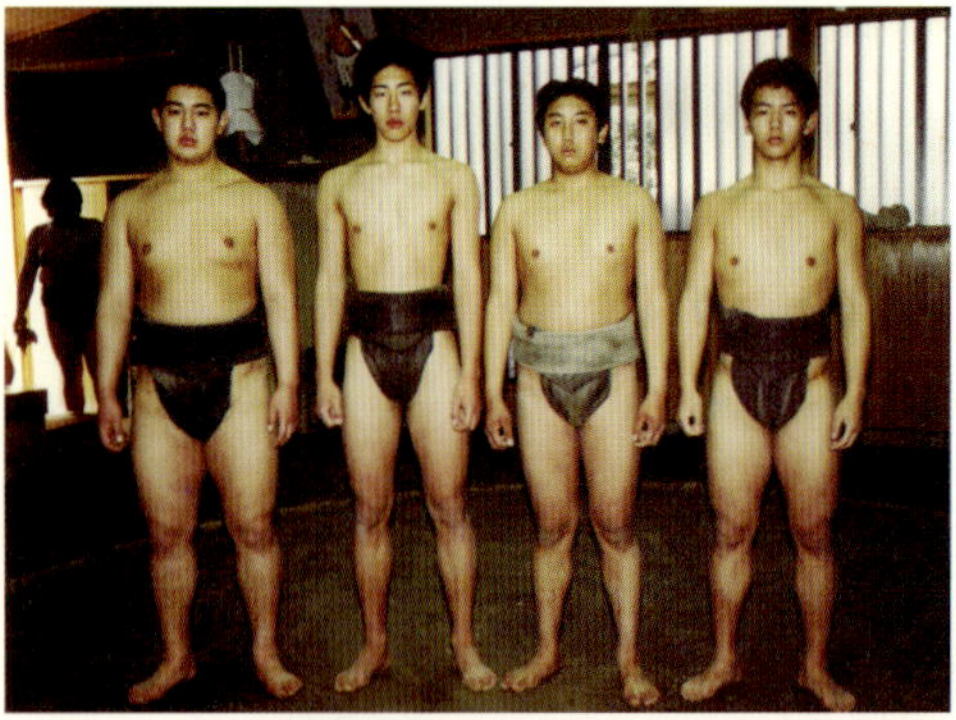

鳴戸部屋に揃った
新弟子4人。
左端が筆者

若さあふれる
十代の笑顔

「ご飯を食べたいという気力すら沸いてこない」ほど稽古に打ち込んだ

ひたむきに関取昇進を
目指していた幕下時代

平成9(1997)年、十両昇進を機に「若の里」に(写真提供／毎日新聞社)

平成13(2001)年、鳴戸部屋で稽古に励む力士たちの姿(写真提供／産経新聞社)

師匠の師匠に当たる名横綱の初代若乃花関と

平成17(2005)年9月場所6日目、白鵬戦で足にケガを負う(写真提供／朝日新聞社)

平成19(2007)年に開催された
ハワイ巡業にて

引退の前年に贈られた化粧まわしには特別な思いが込められていた

地元・青森で行われた最後の
巡業では遠藤(手前)と対戦
(写真提供/朝日新聞社)

引退後、夫婦でスイス旅行へ。アルプスの山々に囲まれた草原で寝転がる

たたき上げ

目次

はじめに

来てほしくない日がついに来てしまいました。平成27（2015）年7月場所千秋楽。幕下に落ちれば引退というのは前から決めていたこと。14日目、旭日松に押し出され10敗目を喫し、十両からの陥落はほぼ確実となったことで、この日はどこか吹っ切れていたような気もします。「あと1番取るだけだ」。気持ちの整理はついていました。とはいえ、場所入りしたときから周りの雰囲気は、どこかいつもとは違っていました。

前日、私は妻を東京から名古屋に呼び寄せました。夜は2人で食事をして、そこで「明日は勝っても負けても、最後の一番になるから」と伝えました。せっかくの2人きりのディナーでしたが、お互いの目はすでに真っ赤。メインの皿が来たときには夫婦で涙を流しながら箸を動かすおかしな食事となってしまいました。9時には店を出ると私は宿舎へ、妻は宿泊先にそれぞれ戻りました。

千秋楽当日も朝は通常と変わらず稽古場に降り、体を動かし準備をしてから会場の愛知県体育館に向かいました。いつも通り、午後1時過ぎに場所入り。通常なら準備運動をしているとNHKのアナウンサーが取材に来るのですが、この日は私に気を使ってか、遠巻きに見ているだけでした。

「気を使わないで、普段通り取材してくださいよ。まだ本場所中なんですから」とこちらから声をかけると、いつも通りの取材が始まりました。

十両土俵入りが終わり、化粧まわしから締込に締め直して再び土俵に向かいます。それだけで客席からは拍手が起こりました。ファンの方々も分かっているんだなという感じの拍手に聞こえました。土俵下の控えに腰を下ろすと、いつもは相撲のことしか考えていないので、呼出しや行司の名乗りなど、まともに聞いたことはありません。この日の呼出しは光昭さん。行司は（木村）隆男さん。ともに20年以上、旧鳴戸部屋時代から同じ釜の飯を食ってきた仲です。自分の現役最後の日の土俵に同じ部屋の仲間3人が、同時に上がるのも何かの巡り合わせ。運命を感じずにはいられません。いつもは気にも留めない「若の里〜」という呼び上げも「これが最後なんだ」と感慨深く聞き入っていました。本場所の土俵で仕切るのも塩を撒くのも、もう二度とないのかと思うと、とても相撲に集中することなどできませんでした。

最後の相手は巨漢の天鎧鵬。右四つ、左上手を取る自分十分な体勢に組み止めましたが、いくら寄ろうとしてもそこから先がなかなか攻め切れない。最後は寄り切られ、力なく俵を割ってしまいました。その瞬間に聞こえた館内の何ともいえないため息。一息置いて、湿りがちな拍手も鳴り出しました。何とも暖かな雰囲気に包まれながら、私は23年半に及ぶ戦いを終えると二字口《にじぐち》で礼をして土俵を降りました。

一瞬で終わることなく、長い相撲だったのはせめてもの救い。現役生活最後の一番が、十分取り切ったと思える相撲で終われたのは良かったと思います。光昭さんも隆男さんも目を真っ赤にして涙をこらえきれない様子。普段は差し違いなどしたことがなく、いつも平常心で裁きをする隆男さんは次の裁きで、何でもない相撲を差し違えてしまいました。それだけ、平常心でいられなかったということでしょう。

土俵溜で礼をして花道を引き返そうとするのですが、頭を下げたきり上げることができなくなりました。頭を上げたら、あとは花道を引き揚げるだけ。「1秒でも長く、この場にいたい」という思いがいつまでも私をその場にとどまらせました。それでも、頭を上げて踵《きびす》を返さなくてはなりません。何かを断ち切るように頭を上げると、もう涙をこらえることはできませんでした。

勝負が決して花道を引き返すまで、拍手が鳴りやむことはありませんでした。むしろ、次第に大きくなっていったような気がします。花道奥では付け人の坂邊も泣いていました。本場所の土俵には1691回、上がっていますが、こんなことはもちろん初めてです。

もっと力士でいたかったという思いはありますが、悔いはまったくありません。すべてをやり切った。肩の荷も下りた。15歳でこの世界に入り、39歳まで現役生活を務め上げた私の心は、すがすがしい気持ちでいっぱいでした。

最後の一番。満場の拍手の中、土俵を去る際に深々と一礼

第1章

相撲との出会い、そして旅立ち

〝土俵の鬼〟横綱若乃花関と同じ町で生まれる

私は昭和51（1976）年7月10日、青森県弘前市青女子《あおなご》で生まれました。青女子は市内北部に位置し、津軽平野の中心部。あたり一帯がリンゴ畑と田んぼの田園風景が広がるのどかな地域です。私の実家のすぐそばを岩木川が流れ、川を挟んで東側が板柳町。高見盛（元小結、振分親方）や追風海（元関脇）の出身地です。西側が弘前市で、さらに西部には〝津軽富士〟の別名がある岩木山が津軽平野を見下ろすようにそびえています。

実家は代々、リンゴ畑を営んでいて、私は畑仕事にいそしむ両親の元で3人兄弟の末っ子として育ちました。収穫の時期は私ら兄弟も手伝いに駆り出され、リンゴをもいだり籠を担いだりしました。高学年になると箱に入ったリンゴを運ぶこともやりましたが、箱いっぱいに詰められたリンゴは大人でもかなり重くて、それを何十箱、何百箱と運ぶので自然と体が鍛えられたのかもしれません。おやつはもちろん、リンゴです。

“津軽富士”と称される岩木山を望む、故郷の風景

収穫以外の普段の時期は、学校が終わると毎日、相撲を取ったり野球やサッカーをしたり、とにかく外で遊ぶのが好きな子どもでした。釣りも岩木川に行っては鯉《こい》をよく釣っていました。雪国なので冬は大量の雪が積もります。青森県でも特に積雪の多い地域で、1日3回は雪かきをやらないと家から出られません。今から思えば、雪かきもいいトレーニングになっていたと思います。寒いから心も鍛えられる。雪は11月末には降り始めて、12月から2月までの丸3カ月間は地面を見ることはありません。雪が溶け始める3月に入ると、ようやく地面が顔を出します。こちらの人の春を待ちわびる気持ちは、東京や南国の人たちにはちょっと実感しにくいかもしれません。

気候的には厳しいところで育ちましたが、雪が降る日は楽しみで仕方がありませんでした。岩木川の土手でスキーをしたり、友達とかまくらを作ったり雪合戦をしたりと、雪の日でも家の外でよく遊びました。都会で大雪が降ると車は渋滞し電車のダイヤは大幅に乱れ、路面も滑るし雪かきもしなくてはならないので、大人は雪を嫌っているかもしれませんが、私は今でも雪を見ると子どものころの懐かしい記憶がよみがえり、心がワクワクしてくるのです。

ところで、私の「忍」という名前は父親が名づけたのですが、「しのぶ」という読み方は女の子の名前に多いので、子どものころは嫌で仕方がありませんでした。祖父は「善作」、父は「善造」、私の兄は「善一」と代々、名前には「善」がつくのですが、私は次男だったので特に「善」にはこだわっていなかったようです。ただ、相撲の世界は厳しい稽古に耐え忍んでいかなくては強くなれない。昭和の大横綱大鵬関をはじめ、色紙にサインとともに「忍」の字をしたためるケースが少なくありません。そういう意味では、力士にとってこれほどうってつけの名前はないと今は思っています。「忍」という名前だったからこそ、厳しい修業にも忍耐強く頑張れたのかもしれません。

私が生まれた青女子は「土俵の鬼」といわれた第45代横綱初代若乃花関の生まれた町でもあります。若乃花関は私の母校である弘前市立新和小学校の大先輩に当たり、体育館には蔵前国技館（当時）に掲げられていた本物の優勝額が飾られていました。当時、若乃花関がどれだけすごかったのか、小学生だった私にはよく分かりませんでしたが、青女子の子どもたちは男の子も女の子もみな、親近感は持っていたと思います。近所には〝土俵の鬼〟の子ども時代を知る大人たちも大勢いました。私の実家と若乃花関の生家はほんの２００メートルほどしか離れていません。そこで今もご子息が「花田建設」という建設会社を経営されていて、娘さんと私は同級生で何人かの親類の方とは知り合いです。この辺は昔から「花田」姓が多く、クラスにも４、５人はいました。昭和30年代前半は〝名人横綱〟栃錦関とともに「栃若時代」を築いた若乃花関は当時、国民的ヒーローでしたが、それから30年以上たった私の子ども時代でも、地元では大英雄であり現在でも郷土の誇りです。

高見盛とは小学校時代からのライバル

そんな土壌もあって地元は相撲が盛んな地域でした。夏休みになれば、毎週のようにどこかで子どもの相撲大会が開かれるようなところです。私も初めて廻しを締めたのは小３のとき。町内の学年別の相撲大会に出たのが最初でした。ただし、大会は４年生からの高学年の部しかなく、３年生だった私は体が大きかったので、先生に勧められ４年生の部に出場したのです。場所は学校の土俵だったか神社だったのかは忘れ

「土俵の鬼」を輩出した町に生まれ、相撲の盛んな土地で育った

ましたが、あれよあれよという間に勝ち進んで優勝してしまった。強かったわけではなく、ただ体が大きかったから勝ったようなもので、賞状とメダル、それと賞品のノートももらって喜んで家に帰ると、両親や祖父、祖母、兄弟、みんなから「よくやった」と褒められました。翌日、学校に行けば同級生から「すごいな」と言われ、先生からも褒められる。一夜にして、私はちょっとしたクラスの〝ヒーロー〟になってしまいました。

「相撲をやると周りはそんなに喜んでくれるのか」と子どもながらにそう感じました。ある種の〝勘違い〟かもしれませんが、その〝勘違い〟がのちの人生の方向づけに少なからず影響を与えたのは間違いありません。

「勉強やほかのことで1番にはなれないけど、相撲では1番になれる。だったら、これからも相撲を続けよう」

私は一気に相撲の魅力に引き込まれていきました。4年生からは正式に小学校の相撲部に入部しました。稽古といっても小学生なので、みんなで集まって楽しくやるという感じでした。家族も相撲が好きだったので、家のテレビは場所中になると、常に大相撲中継がついていました。そんな家庭環境でしたが、子どもだった私は相撲を取るのは好きでしたが大相撲にはあまり興味はなく、むしろアニメなどの他の番組を見たいと思っていました。

稽古はそれほどやっていたわけではありませんが、体が大きかったので負けることはほとんどありませんでした。そのうち、近所の人に本格的に相撲を教わることになるのですが、昼間は仕事があるので稽古は早朝にやろうということになりました。しかも週3日、朝5時半に家に行ってその人を起こし、6時から1時間、小学校の校庭にある土俵で四股を踏んだり胸を出してもらい、自分のほかに5、6人の相撲部員と一緒に汗を流しました。稽古が終わると朝食用に母親に作ってもらった弁当を教室で食べ、そこにクラスの同級生が定時に登校してくる。そんな生活が夏場だけですが、ずっと続きました。

子どもながらにメキメキと力をつけていくと、同い年のライバルが出現します。川向かいの板柳町の小学校に通う加藤精彦。のちに大相撲の世界でもしのぎを削ることになる、〝角界のロボコップ〟こと高見盛です。

元高見盛の振分親方の実家は私の家からも近く、加藤精彦が強いという噂は岩木川を超えてこちらにも伝わっていました。大相撲時代は気合い注入のパフォーマンスで独特な人気を誇っていましたが、当時からかなりユニークな存在で何とも形容しがたいオーラを身にまとっていました。

ほかの人には簡単に勝てるのですが、加藤精彦だけには正直、苦戦しました。地区大会の決勝戦はだいたい私と彼との顔合わせで、戦績は勝ったり負けたりといったところです。ただ、中学になるとなかなか勝てなくなりました。向こうは中学横綱、全国チャンピオンに輝くのです。ただし、相撲は滅茶苦茶で技も何もなく、体ごとぶち当たって圧倒するという感じでした。小学校時代のライバル関係がまさかプロになっても続くとは、当時は夢にも思っていませんでした。

私は小6で身長が173センチ、体重も80キロと学校でもかなり大きなほうでしたが、将来は力士になろうなどとは露ほども思っていませんでした。両親もそれほど大きくありません。ただ、食卓にはいつもたくさんのおかずが並んでいました。だからなのか、私たち3人の兄弟はいずれも大柄です。料理を作る母親は大変だったと思います。

とにかく体を動かすのが好きだった私は、相撲以外にもさまざまなスポーツに興味がありました。運動は何をやっても得意で足も速かった。土地柄、スキーは腕に自信があって、冬は朝一番に父親の車に乗ってスキー場まで連れて行ってもらい、オープン時間と同時に入場してナイター営業が終わる夜の9時まで一人で滑って、帰りも車で迎えに来てもらうこともしょっちゅうでした。夏休みは毎日、プール通い。球技も得意で、生まれ変わるとしたら今度は野球選手になりたいぐらいです。当時はちょうどファミコンが出始めたころでしたが、家の中でゲームに熱中するのは性に合いませんでした。

得意だったのは運動だけではありません。小4のときの校内写生大会で近所のかやぶき屋根の家を描いた絵は、弘前市の展覧会で優勝。青森県大会でも入賞し全国コンクールにもエントリーされると、なんとそこでも入選して日本代表として世界児童画展にも出展されることになりました。すると日本美術教育連合賞というたいそうな賞をいただくことに。表彰式が東京であるというので上京するつもりでしたが、祖父が亡くなり葬式と重なったため、東京行きはキャンセル。後日、盾と表彰状が自宅に送られ、読売新聞の全国版に顔写真つきで作品も紹介されました。

そういった原体験からなのか、学生時代は美術も得意。現役時代は油絵と陶芸をたしなみ、今も続けています。横綱日馬富士関にはかないませんが、見よう見まねで30歳過ぎから始めた油絵は本を買ったり道具を揃えたりするうちに凝り出し、描いた作品は10点ちょっと。自分で言うのもなんですが、芸術家肌かもしれません。

肝心の相撲ですが、県内では確かに優勝を争うくらいの実力でしたが、わんぱく相撲の全国大会出場は叶いませんでした。当時の県内は非常にレベルが高く、青森県を制するのは全国大会で優勝するよりも難しいとさえいわれていました。

師匠、鳴戸親方との出会い

私の師匠である鳴戸親方（元横綱隆の里）との出会いは小6のときでした。鳴戸親方も同じ青森県出身。知り合いの方が近所に住んでいて、うちの父親のことも知っていたその方から電話をいただき、「鳴戸親方が会いたがっている」とのことでした。

早速、その方の家に鳴戸親方が訪ねられ、そこに両親と私も同席しました。昭和63（1988）年のことで、親方が現役を引退してまだ2年ちょっと。鳴戸部屋が創設されるのが翌平成元年なので「これから部屋を作るので中学を卒業したら、うちに来ないか」ということでした。

のちに師匠となる人と出会った第一印象は、とにかく大きくてびっくりしました。弘前の田舎でこれほど大きな人は見たことがありません。「脱いでみなさい」と言われ上半身裸になると、親方はベタベタと私の体を触りながら「オー、手が大きいな。足も大きいな。いい体をしている。これは強くなるぞ」と褒めちぎりました。

初代若乃花関の弟子が隆の里関ですが、出会ったときは鳴戸親方のことは知りませんでした。ただ、元横綱から褒められたら悪い気はしません。入門後に同じ部屋の同期生何人かに聞いてみたところ、全員が同じことを言われたそうです。完全にだまされてしまいましたね。

この日、私と両親はスカウトの話を断わりはしませんでしたが「行きます」とも言ってません。大相撲の世界はそれまでまったく興味はありませんでしたが、この日を境にテレビで大相撲中継を見るようになり、相撲の専門誌も買って読むようにもなりました。自然と少しずつ興味が沸いてきたという感じです。鳴戸親方からは場所ごとに番付表が送られてきて、大相撲の世界が身近に感じられるようになったのと同時に、もっと相撲で強くなりたいという欲も沸いてきました。

ケガに泣き不完全燃焼だった中学時代

それ以来、弘前市内の相撲道場に通うようになりました。道場を主宰する福島等先生からは「相撲部のある中学校に越境入学しないか」と勧められました。同級生と離ればなれになることに寂しさを感じないわけではありませんでしたが、それよりも強豪の相撲部に入って本格的に打ち込みたいという思いのほうが上回っていたため、中学は自宅から約8キロ離れた弘前市の中心部にある弘前市立第二中学に入学することを決めました。

通学は基本的に自転車。雨の日や冬場はバスを使っていましたが、ルートが迂回《うかい》するため時間的には自転車と大差はありませんでした。朝は6時に起床して、7時に家を出て自転車をこぐこと1時間。他の生徒はせいぜい徒歩で15分から20分。自転車通学でも10分程度です。夏場は8時に教室に着くと自分だけが大量の汗をかいている始末です。日中は授業を受けて、部活は放課後4時から約2時間。稽古が終わって片づけや着替えを済まし、学校を出るのが夜の7時過ぎ。帰りはいつも空が真っ暗で家に着くのは8時。それからご飯を食べて寝るだけです。家で勉強する体力も気力も時間もありませんでした。それでも学校の成績はそんなに悪くはなかったと思います。

中学の相撲部で稽古をしつつ、週に3日は中学校から自転車で30分ほどの「福島道場」にも相撲部員全員が通い、福島先生の指導も受けていました。中学時代の目標は全国優勝。学校の部活だけでなく道場でも汗を流していたので、稽古量だけはほかのどの学校よりも絶対に負けないという自負がありました。それが部員一人ひとりの自信にもなっていたのです。土日は弘前実業高に行って、高校生部員に稽古をつけてもらっていました。風邪で授業は休んでも稽古は決して休みません。試験前で部活が休みのときも、校庭を10周走ってから家に帰っていました。

まさに相撲漬け。往復2時間かかる自転車通学も含め、振り返ってみればハードな中学3年間でしたが、すべては相撲のため。苦に感じることはまったくなく、それどころか、環境が厳しければ厳しいほど「俺には相撲しかない」「相撲で強くなるために越境入学したんだ」という熱い気持ちが体を突き動かしていたような気がします。

チームとしても個人としても全国優勝を狙える実力は備わっていたと思いますが、結果的には一度たりとも県予選すら突破することはできませんでした。2年生の秋、県内の大会で投げられたときに肩から落ちて左の鎖骨を骨折してしまいました。はやる気持ちは抑えていたつもりでしたが、年度が明けて3年生になると5月には全中大会の県予選が始まります。ケガをした悔しさ、中学の最終学年という焦りもあったのでしょう。骨がまだつかないうちに稽古を再開してしまい、ぶちかまされたときに同じ箇所を骨折してしまいます。左腕が全然使えないまま、県予選には出場しましたが、手負いの状態で勝ち上がれるほど青森県予選のレベルは低くありません。このときの優勝者が加藤精彦。のちの高見盛で、彼は全国大会でも勝ち上がって中学横綱に輝くのです。

情熱をすべて相撲に注いだ中学時代。ケガの悔しさも

私はなんとか上位入賞を果たし、夏に行われる東北大会の出場権利は得ることができました。大会までは1カ月以上、猶予があります。その間にケガをしっかり治し、越境入学までして中学3年間、相撲に打ち込んだ思いのすべてを東北大会にぶつけようと誓いました。

治療していただいたのが、弘前市内で病院を構える鳴海康安先生です。先生自身も相撲経験があることから、親身になって面倒を見ていただきました。私がプロ入りするときも大変お世話になり、関取に昇進したときは当時の弘前市長にもかけ合って後援会結成にも尽力していただいた、まさに私の恩人でもあります。

ケガもすっかり回復して臨んだ東北大会で、私は都道府県大会優勝の山形県の選手と、全中大会優勝の加藤精彦という2人の全国チャンピオンに勝ち、決勝戦に駒を進めました。相手は浪岡中学の山内隆志。のちの幕内武州山（現・清見潟親方）です。最後は力尽きて2位に甘んじることになりますが、山内（武州山）が優勝、2位が私、3位には加藤（高見盛）と東北大会トップ3はいずれも青森県出身の同級生で、3人とものちに幕内となり、私と高見盛は三役を張ることになります。いかに当時の青森県勢のレベルが高かったかという証明にもなっていると思います。

ただひたすら相撲のみに情熱を注ぎ込んだ中学時代でしたが、その半分はケガで棒に振ることになりました。「ケガさえなければ、もっといい成績を残せた」という思いはどうしても拭い難く、不完全燃焼の中学3年間だったことは否めません。鳴戸親方との2度目の対面はそんなとき、3年生の夏でした。鳴戸部屋はすでに創設され、夏の間は親方の出身地である浪岡町（現・青森市）で合宿が行われていました。プロの稽古を見学し、力士たちとも会ったことで大相撲の世界を何となく垣間見ることができました。

人生を変えた貴乃花関との稽古

この年、平成3（1991）年の5月場所で貴花田関（のちの横綱貴乃花）に敗れた横綱千代の富士関が引退。角界に世代交代の波が一気に押し寄せ、〝若貴フィーバー〟もまさにこれから世間を席巻しようとしていた時期でもありました。鳴戸親方と初めてお会いして以来、私は大相撲にどんどんのめり込み、奇数月になると大相撲中継が始まるのを指折り、楽しみに待つまでになっていました。買ってきた専門誌を読みふけり、優勝争いの予想をするのも楽しみの一つ。場所中はワクワクし通しで、中でも横綱千代の富士関から史上最年少金星を挙げた弱冠18歳の貴花田関には、心を〝鷲づかみ〟にされ、本格的に力士を目指したいという気持ちも芽生えてきました。

この年の夏には、大相撲の巡業が地元弘前にやって来ました。私は関取衆と地元の子どもたちとの稽古に駆り出されることになり、テレビでしか見たことがない関取衆を初めて目の当たりにして、ただただ感動するばかり。その中には憧れの貴花田関もいました。稽古は小学校に上がる前のちびっ子から上級生へと順番に土俵に上がり、関取衆の胸にぶつかっていきます。力士も交代で胸を出していきますが、貴花田関の順番はまだ来ません。

「自分のときは誰がやるんだろう」と考えながら出番を待っていました。小学生が終わり、土俵には中学生が上がっていました。中3でしかも体の大きかった私の出番は最後のほうです。ついに自分が土俵の中に入る番が来ました。相手をしてくれる関取はなんと意中の貴花田関！　何という幸運でしょう。まさか、憧れていた力士と一対一で相撲が取れるとは夢にも思っていませんでした。

当時の貴花田関は130キロそこそこだったと思います。私は100キロ近くありました。たかだか30キロちょっとの体重差でしたが、さすがは鍛え抜かれた関取の体です。当たった感触は今でも覚えていますが、壁にぶつかっているように重くて硬く、まったく動きません。オーラもすごかった。ほかのみんなは1番取って土俵を降りましたが、私だけは2番も取らせてもらいました。最初はあしらわれて終わりでしたが、2番目はぶつかり稽古のように一気に下がって負けてくれました。

3分にも満たない経験でしたが、憧れの力士の胸にぶつかることができて感無量でした。稽古が終わると一緒に写真に納まっていただき、サインもいただきました。一言、二言、会話を交わしましたが、内容までは今となっては覚えていません。隣にいた若花田関（のちの3代目若乃花）からは「将来は藤島部屋（当時）に来いよ」と声をかけられた記憶があります。

それにしても、痺れるような感動体験が一瞬にして、15歳の少年を大相撲の世界へといざないました。中学を卒業したら高校へ進学するべきかプロに行くべきか、迷っていたのは事実です。後から振り返ってもこの日は間違いなく、自分の人生が大きく変わった日であったと思います。

自分の気持ちとは関係なく、周りはある状況に向かって動いていました。中学の相撲部は土日に弘前実業高の道場へ出稽古に行っていた関係で、弘前二中である程度の実績を残した生徒は弘実（弘前実業高）に進学するというのが、自然の流れでした。指導者をはじめ、周囲の大人たちはみな、私に弘実に行くことを勧めました。中学横綱に輝いた加藤精彦はすでに弘実進学が既定路線。将来は私との〝二枚看板〟で全国制覇を目指すという〝青写真〟もあったようです。

「プロに行くなら鳴戸部屋。高校に行くなら弘実」

自分の中では以前からそう決めていました。どちらかと言うと、高校進学に気持ちが傾いていた時期もありました。中学時代はケガで果たせなかった〝日本一〟を高校で達成したいという思いがあったからです。ただ、進路について公言したことは一度もありません。

プロ入りか、進学か――。迷える気持ちは貴花田関の胸に思い切りぶつかったことで、すべて吹っ飛びました。

いくら意思が固まったとはいえ、たかだか1人の中学生が周囲の大人たちにあらがえるはずはありません。「どうせ言っても反対されるだけ」という思いがあったのも事実です。両親にだけは打ち明けて反対はされませんでしたが、内心はびっくりしたと思います。中学校の進路相談でも「大相撲に行く」とは言いませんでした。熱い気持ちにあえて自ら蓋をして、進路は周囲の大人たちのアドバイスに従ったほうがいいのかなと、無理やり自分を納得させようとしていたのかもしれません。自分の本当の気持ちは友達にも誰一人、親友にすら打ち明けることはありませんでした。

たった1人だけの卒業式

自分の意思を告げることができずにズルズルと時間が過ぎていきました。親以外に誰にもプロ入りを公言しなかったばかりに、周囲の誰もが自分が弘実に進学するものだと思っていたことでしょう。とうとう年が明け、学校は3学期に突入。2月に入ると、鳴戸親方が中学校を訪問されました。事前に聞いていた私は心の準備はできていました。授業中に先生から呼び出され、校長室に行くと、親方が校長先生と向かい合って座っています。

「1週間後に迎えに行くから」

「はい。お世話になります」

親方が中学卒業までに青森に来ていただかなかったら、私は弘前実業高に進学していたに違いありません。鳴戸親方の訪問で、自分が本当に行きたい道に行く決心がつきました。

クラスのみんなには直後に発表しました。「えーっ!」「何でだよー」。当然でしょうが、ひっくり返るような驚きようです。私も今の今まで自分の気持ちをきちんと伝えてこなかったという申し訳ない気持ちでいっぱいでした。かけがえのない存在だった仲間たちと一緒に卒業できない淋しさはありましたが、自分で決めたこと。弘前実業高への推薦入学もすでに決まっていたので、関係者の方々にも大きな迷惑をかける形での入門となってしまいました。

上京する日は2月15日に決定。それまでの1週間のうちに挨拶まわりや荷づくりと慌ただしい時間を過ごしました。この日は卒業式に出席できない自分のために、学校が全校生徒を体育館に集めて1人だけの卒業式を開いてくれました。午前中の授業を1時間潰して行われた〝卒業式〟を終え、校長室で最後の挨拶も済まして校門前に待たせてあった父親が運転する車に向かおうとしていたときです。教室に戻ったはずのクラスメートが授業をすっぽかし、外に出てきました。「さよなら」を言いに来たからです。泣いている人もいました。私も涙を流していたかもしれません。

「頑張ってこいよ」「横綱を目指せ!」。校門前で仲間から激励を受け、握手で別れると鳴戸親方も同乗する車に乗り込み、青森空港へと向かいました。空港の待合室には、同時入門することになる同じ弘前市出身の花田将人(のちに幕下、平成19〈2007〉年1月場所で引退)がいました。小学生のときは全国優勝して「わんぱく横綱」にも輝いた人物です。弘前市から同時に2人が鳴戸部屋に入門するということで、その場で地元紙から取材を受けると、翌日は親方を真ん中にした3人の写真つきで大きく扱われました。

見送りに来ていた両親は「頑張ってこいよ」という感じでしたが、内心は寂しかったと思います。15歳だった当時の私はそこまで考えが及びませんでしたが、この年になれば少しは親の気持ちも分かります。特に母親ならば、別れ際に本当なら一言、二言何か言いたかったのでしょうが、黙って見送る姿を今、思い返すと、こちらも何とも言えない気持ちになってきます。

期待と不安を抱きながら一路、東京に向かい、私は機上の人となりました。窓から見える故郷青森の街がどんどん遠くなるにつれ、「本当に東京に行っちゃうんだ」という寂しさが去来してきました。同時に「今日から新しい人生が始まるんだ」というワクワク感も沸いてきました。隣の席に座る花田とは県内の大会で何度も顔を合わせ、一緒に相撲を取ったこともある旧知の仲。入門が1人でなかったことは正直、心強かったですが、機内では特に会話はなかったと記憶しています。やがて、ミニチュアのように小さくなった故郷の雪景色は厚い雲に覆われ、まったく見えなくなりました。

「もう後戻りできないんだ。どんなに修業がつらくても途中で逃げ帰ったら恥ずかし

出迎えていただいた鳴戸親方と青森空港で取材を受ける。記事は平成4(1992)年2月16日付の東奥日報に掲載された

い。親兄弟に恥をかかせるわけにはいけない」

平成4（1992）年2月15日は私の人生にとって、忘れられない一日になりました。あのとき、飛行機の窓越しから見た、白く覆われた故郷の街並みの景色は、今でも鮮明に脳裏に焼きついています。

第2章

稽古漬けの青春

「1場所でいいから関取になりたい」

「1場所でいいから十両に上がりたい」

東京行きの飛行機の中ではそんなことを考えていました。相撲界は十両以上の関取になって一人前。関取になれば給料がもらえ、個室も与えられ、身の回りを世話してくれる付け人もつきます。大銀杏《おおいちょう》を結って化粧まわしを締め、土俵入りができるのも十両以上の関取だけです。新弟子はみな、1日でいいから土俵入りがしたいという夢を持っているものです。

東京は修学旅行でも行ったことがあったので、今回が2回目です。人の多さに驚くことはありませんでしたが、当然そのときと心境がまるで違います。羽田空港に降り立つと鳴戸親方（元横綱隆の里）迎えの車、黒のプレジデントが待っていました。花田とともに車に乗り込むと、車内にはてんこ盛りのおにぎりとパンが置いてありました。

「腹が減っただろ。食べろ」と親方に言われたので、空腹の私と花田は遠慮なくいただきました。羽田空港から千葉県松戸市の鳴戸部屋へは車で1時間ほど。到着すると親方から「同期生だ」と、すでに部屋にいた1人の中学生を紹介されました。

「こんなデカいヤツもいるのか」

驚いて思わず、足元から頭のてっぺんまで見上げてしまいました。私も中学3年で180センチあったので、同学年で自分より大きな子をそれまで見たことがありません。188センチあるというその新弟子は長崎県から来た同じ15歳で、名前を尾崎勇記といいました。のちの関脇隆乃若です。次の3月場所で初土俵を踏む新弟子がもう1人いたので、4人の新弟子が揃いました。さらに大阪の宿舎でもう4人と合流することになるので、鳴戸部屋だけで8人も同期生がいました。一部屋に8人が一気に入門するとは、今ではちょっと考えられない人数です。

この日の夕食はすき焼きでした。23年半にわたる長い相撲人生の最初の食事が「すき焼き」だったわけです。鳴戸部屋に入門以降、毎年元旦はすき焼きです。師匠が代替わりして田子ノ浦部屋となった今も、元旦の〝伝統〟は続いています。自分の親より上の世代にとって、すき焼きはめったに食べられない〝ご馳走〟だったと聞きます。もちろん田舎町で育った私にとっても大変な〝ご馳走〟です。しかもさすが相撲部屋というべきか、半端ではない量の肉が大皿に盛られています。量もさることながら味も今まで食べたことがないようなおいしさでした。「腹いっぱい食べろよ」と言われたので、私と花田は思う存分食べました。

師匠の隆の里関ものちの横綱2代目若乃花関とともに青森から上京し、二子山部屋に入門して最初の食事が「すき焼き」だったそうです。鳴戸親方にとっても特別な思い入れのある食事だったのだと思います。

入門2日目も豪勢な料理が並び、腹いっぱい食べました。その次の日も同様です。そして、次の日も……。不思議なことに相撲部屋に来たのに「稽古をしろ」とは一言も言われません。それどころか、稽古場すら見せてくれません。私ら新弟子4人は2階の20畳の大広間にいるように言われました。朝食はおかみさんが毎日、お粥《かゆ》を作ってくれました。これがまた絶品で、青森では食べたことがないぐらいのおいしさでした。おかずは卵焼きや鮭焼きといった朝ごはんの〝定番〟も一緒に食卓に並びました。昼と夜は兄弟子が作ってくれるちゃんこを満腹になるまでいただきました。食事の準備ができると下に降りてくるように言われ、食べ終わるとまた2階に戻ります。

鳴戸部屋に入門、力士としての新生活が始まる

食事以外の時間は特にやることもないので、テレビを見たり漫画を読んだりしてダラダラと過ごしました。兄弟子も優しい人ばかりで、完全に〝お客さん扱い〟です。2階の大広間にいても稽古場の音は全然聞こえてきません。しかもこんな生活がしばらく続いていたので、ここは本当に相撲部屋なのかと思うほどでした。

外出しようにも上京して間もないので地理がまったく分からず、ときどき、先輩に連れられて近所を散歩する程度です。本当に不思議な期間でしたが、暇を思い切り持て余していたので、同期生3人とはすぐに打ち解けました。同い年だったので気兼ねすることもありませんでした。

私は標準語がしゃべれなかったし、ましてや青森以外の方言など聞いたこともありません。尾崎が九州弁で「よかよか」とか「〇〇ばってん」と言ってもまったく意味が理解できませんでした。長崎県出身といっても生月《いきつき》という島の出身だからなまりもすごい。青森県の津軽の人間にとっては外国人としゃべっているようなものでした。向こうも私のことをそう思っていたでしょうが、言葉が通じないのが逆に面白くて大笑いとなります。「それってどういう意味?」とお互いに聞いたり話したりするうちに和気あいあいとなっていきました。

これだけ相撲から離れて何もしない生活が続くと、早く廻しを締めて稽古をしたいという気持ちになってきます。部屋によっては入門したら次の日から廻しを締めて稽古場に降りるというところもあるそうですが、鳴戸部屋はそういう部屋ではありませんでした。

洗濯は洗濯板で手洗い

1週間ぐらいが経過してようやく廻しを締め、四股や摺り足をやらせてもらいました。しかし、それも2日間ぐらいで、ほどなくして力士全員は新幹線で大阪入りしました。通常、地方場所の場合、力士のうち何人かが「先発隊」として先に乗り込み、稽古土俵を作ったりするのですが、まだ創設間もない鳴戸部屋は力士数もそれほど多くなかったので、3月場所宿舎の稽古土俵は部屋の力士みんなで作りました。大阪もこのときが初めてだったので、東京とはまったく違った文化や独特な雰囲気に、青森

ののんびりした田舎で育った私は〝カルチャーショック〟を受けたことを覚えていま
す。大阪に来ても兄弟子たちはみな、優しく、銭湯に連れて行ってくれたり、たこ焼
きをごちそうしてくれたのはいい思い出になっています。

大阪に着いた初日に新弟子8人は親方の個室に呼ばれました。

「実家のお父さん、お母さんに『元気でやっているから』と電話をしなさい」と言わ
れ、その場で順番に電話をすることになりました。親方が見ている目の前で、しかも
同期生も全員聞いている中で親子水入らずの会話など、できるはずもありません。

「無事、大阪に着いたけど、元気でやっているから心配しないで」

そう言ってみたものの、まるでカンニングペーパーを棒読みしているようなぎこち
ない会話になってしまいました。親方なりの気遣いではありましたが、果たして実家
の両親はどう思ったことでしょうか。

稽古場の土俵が完成し番付発表が終わってから、ようやく稽古らしい稽古をやらせ
てもらいました。数日後には新弟子検査があり、身長・体重の基準をクリアし検査に
合格して正式に入門となります。新弟子検査をパスした私ら同期8人は、晴れて正式

に鳴戸部屋に入門となりました。〝お客さん扱い〟もこの日で終わり。新弟子検査の日を境に風呂もちゃんこの順番も一番最後になります。それまでは新弟子が先輩たちを差し置き、親方と一緒に食事をして入浴も〝一番風呂〟。振り返ってみれば、そのときの兄弟子たちの視線がちょっと怖かったような気がします。布団の中では「新弟子検査が終わったらどうなるのかな」と私たちもうすうす感じてはいました。はっきりとは言われませんでしたが、先輩からは「お前ら、明日から大変だな」と笑顔交じりで言われ、不気味に思ったものでした。

そうはいっても平成元年にできたばかりの部屋だったので関取はまだいなく、幕下の一番上の兄弟子でも4年上の19歳。年の離れた〝大兄弟子〟はいなかったので、ある意味、和気あいあいのところがありました。

〝お客さん扱い〟のころは朝8時に起きれば良かったのですが、正式入門となってからは4時起床。3月だから空はまだ薄暗く、廻しを締めるのも寒くて嫌でした。新弟子はまず稽古場と周辺の掃除から始めます。最初は先輩に教わりながら、掃き掃除、拭き掃除、ゴミ出し。外は裸足で竹ぼうきを使って掃いていきます。上半身は泥着を羽織っていますが、廻し姿ですから寒さで震えっぱなしです。宿舎はお寺を借りていました。境内の端のほうにドラム缶が置いてあり、廃材をもらってきてはドラム缶に入れて火をたいていました。あまりの寒さに木材の切れ端を入れるフリをして、どかずにじっとして温まっていると「いつまで突っ立ってるんだ」と兄弟子に怒られることもありました。

掃除が終わって稽古は5時ぐらいから始まります。稽古といっても新弟子なので、内容的にはそれほどハードではありません。四股、摺り足、股わりといった基礎運動ばかり。相撲もそれほど取りませんでした。まずは体作りが優先だからです。中には股わりができない新弟子もいましたが、だからといって兄弟子が上から乗って無理やり背中を押すなどといったことは絶対にやりません。できない者でも毎日やっていれば、半年から1年後には誰でもできるようになります。私は中学時代から股わりは胸が地面についていたので、大相撲に入門しても苦労することはありませんでした。

同期生8人のうち、相撲経験者は私と花田を含めて3人で、残りの5人は未経験者でした。しかし、最も素質があったのは相撲経験のない、尾崎（隆乃若）であったのは明白です。188センチの長身に広い肩幅。当時は細かったですが体にバネがあり、稽古も真面目にコツコツやるタイプだったので、いずれ自分も抜かれるのではないかと脅威を感じていたほどです。おまけに私と違って〝イケメン〟ときています。すでに将来、人気力士になるようなオーラが漂っていました。

部屋に同期生が8人いたことはとても心強かったです。1人だけだったらさぞかし心細かったでしょう。兄弟子は当時、10人ぐらいいましたが、新弟子が大勢だったおかげで雑用も分散された点については幸運だったとつくづく思います。風呂掃除、便所掃除、洗濯は新弟子の仕事。しかも鳴戸部屋は洗濯機がなかったのですべて手洗い。洗濯板を使っていました。20年以上前の話とはいえ、平成の時代に洗濯板を使っていた相撲部屋は鳴戸部屋しかありません。当時の一般家庭でもまず、お目にかかれなかった〝古道具〟だったと思います。

洗濯機を置かなかったのは親方の方針です。風呂の残り湯を使って洗濯板で洗うという、まるで『日本昔話』のような光景が鳴戸部屋では、つい10数年前までは当たり前でした。寒さは雪国で育ったので我慢できたのですが、洗濯場は外だし冬場は手が冷たくて仕方がありません。当番になると自分の分と先輩たちの分を洗わなくてはならず、タオルや下着、稽古で羽織る泥着など、とてつもない分量になります。私が関取に上がったころに鳴戸部屋にもようやく洗濯機が設置されました。ただし、基本は〝手洗い〟という方針に変わりはありません。洗濯機を使えるのは体調が悪かったりケガをして手洗いができないときだけ。コインランドリーのような機種で、やむを得ない場合は200円を入れて使っても良いというのが原則です。

しかし、そうであれば誰も洗濯板で手洗いなどしません。200円を投入してでも洗濯機を使うようになります。しかし、それも私が関取になってからの話。下積みの5年間はほとんど洗濯機を使うことはありませんでした。自分と同世代でここまで洗濯板を使いこなした人間もそうは多くないと思います。とにかく、関取になるまでの下積み時代の5年間は稽古と雑用で一日が終わり、自由時間が一切ありませんでした。

一番出世で相撲人生がスタート

新弟子で大阪に行ってすぐ、親に「元気だから心配しないで」と電話したにもかかわらず、実は体中に蕁麻疹《じんましん》が出て高熱にうなされていました。1週間は毎日、病院に通って点滴を打ってもらう生活でした。生活環境が激変したので体がついてこれなかったのでしょう。私以外にも何人かが体調を崩しました。

いよいよ場所が始まると新弟子は前相撲を取ります。会場は大阪府立体育会館です。館内に入って「狭いな」というのが第一印象でした。テレビで大相撲中継を見た印象では広い会場に観客が満杯に入っている感じがしたので、「こんなに狭いのか」と思ったことを今でも覚えています。私が初土俵を踏んだ平成4（1992）年3月場所は史上最多の151人が前相撲を取りました。これは今も破られていない記録です。この場所の横綱は北勝海関（現八角理事長）で、優勝は大関小錦関でした。前の場所は貴花田関が史上最年少の19歳5カ月で初優勝した場所です。角界に〝ニューヒーロー〟が誕生したことも影響があったのかもしれません。

通常、前相撲は本場所3日目から1日1番取って3勝で勝ち抜けなのですが、3月場所は人数が多いので2日目から2班に分かれ、1日おきに取って2勝で勝ち抜けです。相撲経験があってそこそこ腕に自信があった私は当然、連勝で一番出世だと思っていたのですが、自分より小さく負けるはずはないと思っていた相手に叩かれて、土俵に手をついてしまい、2勝1敗での一番出世となりました。鳴戸部屋同期8人の中で、一番出世は私と尾崎（隆乃若）の2人でした。

前相撲をすべて取り終えると兄弟子の化粧まわしを借りて、新序出世披露を行います。私は師匠である横綱隆の里関の三つ揃えの化粧まわしの一つで「仁」の字をあしらったデザインのものを締めました。土俵上で蹲踞をして自分の名前が呼び上げられると立ち上がって一礼をするのですが、このときの二番出世は人数が多すぎて土俵に全員が上がり切れず、土俵下で蹲踞をした者もいたほどでした。新序出世披露を行うと翌場所は序ノ口となり、一番出世から順に上の番付になり、初めて自分の四股名が番付表に載ることになります。

一番上の段に書かれる幕内力士と違って、序ノ口力士は一番下の段の狭いスペースなので目を凝らさないと読み取れないことから、角界用語で〝虫メガネ〟ともいわれます。それでも番付表に初めて自分の名前が載るのはうれしいものです。ちなみに前相撲で全敗しても新序出世披露には出ることができ、翌場所は序ノ口になります。出世披露を終えるといよいよ、力士としてのスタートだなという気持ちになりました。

楽しかった相撲教習所時代

3月場所が終わって帰京するのですが、前相撲を取った新弟子はすぐに部屋で稽古をやるわけではなく、入門から半年間は両国国技館の敷地内にある相撲教習所に通わなくてはなりません。相撲教習所とは新弟子が相撲の基本的なことを学ぶところで、実技と講習にカリキュラムが分かれていて、日曜を除く週6日、通います（現在は月曜から金曜までの週5日）。なお、番付発表後の場所前と場所中はありません。実技では教習所担当親方から基礎運動や稽古の指導を受けます。稽古土俵は実力や経験に応じてAからCの3クラスに分かれていて、それぞれ実力が伯仲した者同士で稽古を行います。講習は相撲史、国語（書道）、詩吟（現在は相撲甚句）、運動医学などの授業をその道の専門家を講師に招いて行われます。しかし、中学を卒業したばかりの15歳にとって、授業はかなり難解なものもあります。加えて、実技の後に行われるため、強烈な睡魔にも襲われます。ウトウトしようものなら、教室を巡回する教官の現役幕下力士に後ろから持っている棒で思い切りたたかれます。もちろん、今はそんなことはありませんが、当時はまだ〝鉄拳制裁〟が成り立っていた時代でした。

朝7時までには廻しを締めた状態で集合していなければなりません。鳴戸部屋は千葉県松戸市にあり、最寄り駅はJR常磐線の馬橋駅。両国までは電車で約1時間かかり、馬橋駅から部屋までは徒歩で約20分。ですから、朝は4時に起きて5時には部屋を出ます。同期生8人揃って駅までゾロゾロと歩いていくのですが、新弟子なので履物は下駄。みんな履いたことがないから、カランコロンと音を立てながら、歩きにくいことこのうえない。着物の着こなしも帯のバランスが悪かったりで、まるで様になっていません。

両国駅に着くのは6時過ぎ。6時半には廻しを締めて待機をし、始業時間の7時になったら点呼を取ります。教習所は初土俵が前後で近い新弟子たちとも一緒なので、200人近くはいたと思います。しかし、点呼を取るたびに1人いなくなり、2人いなくなりと徐々に減っていきました。厳しい修業に耐え切れず、辞めていく人もいるからです。教習所も当時はまだ〝鉄拳制裁〟も辞さない厳しいところだったので、ふるいにかけられていた部分がありました。

点呼を取ると実技の時間になるのですが、まずは国技館の建物の周りを3周するランニングから始まります。トップを走るのはいつも旭天鵬（元関脇、現・大島親方）や旭鷲山（元小結、平成18〈2006〉年11月場所で引退）らのモンゴル勢の6人です。1位はだいたい旭鷲山で、彼らは常に上位6位までを独占していました。稽古の時間では私はA土俵でしたが、高卒の実力者もいたので勝ったり負けたりという感じでした。尾崎も経験はなかったですがA土俵に振り分けられ、そこそこ強かった。素質があったうえに適応能力もあったのでしょう。

半年も教習所に通うと同期同士、自然と仲が良くなり結束も固まります。力士としてのスタート期間を一緒に過ごすので、引退後も一生のつき合いができるほどの特別な存在です。今でも教習所時代は大変でしたが、みんなと一緒に授業を受け、風呂に入り、ご飯を食べたりと、懐かしく楽しい思い出として残っています。部屋では先輩たちにこき使われたり雑用を押しつけられたりしますが、教習所では同期ばかりなので気兼ねがありません。だから、授業が終わっても部屋に帰りたくない気持ちになります。なかなか足が帰路に向かず、よく遠回りして帰ったことを覚えています。

両国駅から鳴戸部屋のある馬橋駅までは三つのルートがあり、朝は乗り換え1回のルートで行くのですが、帰りは何度も乗り換えたりしました。上野駅のホームの立ち食い蕎麦屋に立ち寄ったりもしましたが、先輩に見つかれば怒られるので物陰に隠れて食べていました。公園のベンチに座って一人、ボーっとしていたこともありました。とにかくちょっとでも帰宅時間を遅らせたかったのです。部屋に帰れば休む間もなく、兄弟子から大量の洗い物をさせられたり、用事を言いつけられるのは目に見えていたからです。道草を食っていたといってもせいぜい1時間ぐらいでした。毎日朝4時起きだったので、さすがに帰りは疲れています。電車の中では吊革につかまりながら寝ることもしょっちゅうでした。

教習所の同期は特別な存在。初土俵から一緒に戦ってきた旭天鵬と当時を懐かしむ（撮影／柿崎真子、平成26〈2014〉年）

幸先良く序ノ口優勝

いよいよ5月場所からは序ノ口力士として本場所で相撲を取ります。初めて国技館の土俵に上がることになり、感動を覚えました。当然ですが、大阪府立体育会館とはまったく雰囲気が違います。緑色の屋根の「国技の殿堂」は外観からして威風堂々のたたずまいで、初めて場所入りするときは身震いするほどでした。

私は〝デビュー戦〟を無事、勝利すると、その後も危なげなく白星を重ねていきました。同期生の中には高卒の強豪やモンゴル勢など、優勝候補がゴロゴロいました。中でも旭鷲山の強さは教習所の中で際立っていました。てっきり優勝するかと思っていたのですが、何でもない相手にコロッと負けてしまいました。高校相撲出身者のもう1人の優勝候補も休場してしまい、序ノ口は誰が優勝するか分からない展開となりました。そのおかげで私にも優勝のチャンスが巡ってきました。私が初日から6連勝できたのも旭鷲山が途中で負けたので直接対決がなかったからでしょう。

勝てば序ノ口優勝という7番目の相手は元三段目で、ケガで番付外まで落ちて再出世を果たした先輩力士です。こちらはまだマゲも結えない入門から2カ月そこそこの15歳。やはり、これまでの6番とは違い、緊張しました。審判員として師匠も土俵下から見ていたのでなおさらです。相撲は外掛けで自分が勝って7戦全勝で優勝することができたのですが、この結果には自分が一番驚きました。優勝候補はいくらでもいたし、たまたまケガや番狂わせでみんな脱落していき、自分のところに優勝が転がり込んできた感じです。当時もそうですがここ最近は、高校や大学で実績を残した者やケガで番付を大きく落としたベテランが序ノ口優勝する傾向があります。多少経験があったとはいえ、中学を卒業したばかりのまだマゲが結えない〝ザンバラ髪〟の力士が優勝するなど、誰も予想しなかったに違いありません。

序ノ口優勝とはいえ、インタビューは全国放送されます。実家の両親や親戚も喜んでいました。地元の新聞社が優勝した瞬間の両親を取材しようと、実家を訪れていました。序ノ口ではありますが、優勝するということは、マスコミが家に押しかけてくるぐらい大きな出来事なんだと親はびっくりしたと思います。翌日の地元紙には家に集まった親戚中の人たちが万歳をしている写真も載りました。翌日のスポーツ各紙には私の顔写真が載り、場所後の専門誌でもそれなりの扱いでした。いつも買って読んでいた雑誌に自分が載るというのは信じられない思いでうれしかったです。そのときの新聞や雑誌は今でも実家に取ってあります。

各段で優勝すれば賞金が出ますが、序ノ口は10万円です。15歳にとっては大金です。しかも現金でいただくのでプロになったんだなと実感させられました。今までは優勝しても賞状やメダルだけでしたが、プロは土俵の上で稼いだお金で生活していかなくてはならない。そんなことを教えられた経験でもありました。実際にお金を手にすると、高校に進んだ友人よりも先に大人になったという思いはありました。その反面、公衆電話口で聞く友人の声からは楽しそうな高校生活が伝わってきて、うらやましく思ったりもしました。こちらは稽古と雑用の毎日でしたから。賞金は貯金したと思いますが、いつの間にかなくなっていました。こうして、私は幸先の良い相撲人生のスタートを切ることができました。

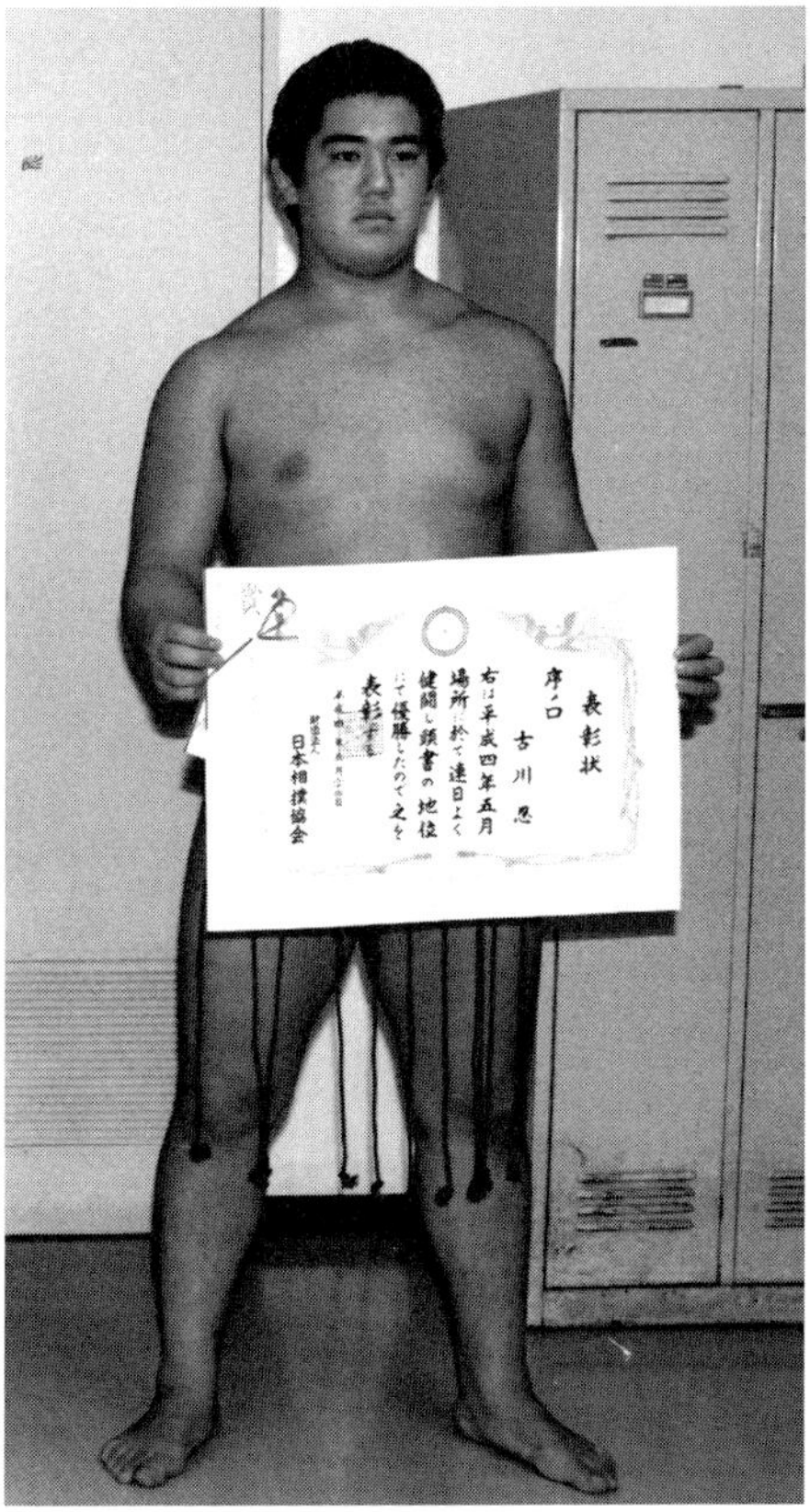

平成4(1992)年5月場所で序ノ口優勝。当時15歳

どこよりも厳しかった鳴戸部屋の稽古

全勝優勝したので翌場所は番付を大きく上げて東序二段20枚目。優勝して自信もって臨んだ場所でしたが、ここでも4勝3敗と勝ち越して9月場所は早くも三段目に昇進します。三段目になるとそれまでは下駄だったのが、雪駄《せった》を履くことが許されます。「番付を上げるとはこういうことか」と実感したものです。下駄では決して出すことができない、歩くときに地面をジャリジャリとする音が、序ノ口、序二段の力士にとっては憧れなのです。三段目になると取組時間が遅くなります。場所入りする時間も朝早く行く必要がありません。私が場所入りするころに、取組を終えて部屋に帰る同期生とすれ違うことになります。向こうはみんなで下駄を履いてゾロゾロと帰るのに対し、私は雪駄で場所入り。すれ違うときは心の中でちょっとした優越感に浸っていました。

「お前ら、もう帰るのか。俺は今から相撲を取るんだぞ」

もちろん、言葉には出しませんが、そういう思いになるものです。遅い時間に取る

番付は一進一退も、着実に力をつけていく

ということは番付がそれだけ上ということ。横綱は毎日、午後6時ちょっと前に取ります。できるだけ遅い時間帯で取りたいというのが力士の心情です。実際には「今日はどうだった?」「勝った?」といった会話を一言、二言交わすだけです。

三段目は1場所で陥落し、序二段で3場所過ごしてから再び三段目に昇進します。その後は勝ち越したり負け越したりで番付は一進一退を繰り返すことになります。三段目を通過するのに2年ぐらいかかりました。「これだけ稽古をやっているのに」という不安もなくはありませんでしたが「いつかは上がれるんだ」と信じて稽古をやるしかありません。しかし、負け越してもすべての場所で3勝4敗。十両に上がるまで2勝5敗や1勝6敗、全敗は一度もありません。それだけはちょっとした自慢ですね。たとえ、負け越しが決まっても最後まで気を抜かず取っていた証拠だと思います。逆に勝ち越しが決まると気も緩みがちになりますが、師匠からは「負け越しても勝ち越しても、そこからが大事」と言われていたので、4敗目を喫してもズルズルといくことはなく、たとえ負け越しても少しずつ力はついていると感じていました。

稽古はほかのどの部屋よりもやったという自負がありました。5分もやれば関取衆でも息が上がるぶつかり稽古は普通、その日の稽古の最後の仕上げにやって終わりという感じですが、うちの部屋はクタクタになるまで稽古をしてからぶつかり稽古、それを2セット、3セット繰り返すのが当たり前。多い日で5セットもやったことがあります。毎日2セット、3セットが普通と思っていたので、幕下時代に初めて出稽古に行ったとき、1回で終わっていたので「もう終わり?」と拍子抜けしたものです。稽古の終了時刻も普通の部屋はだいたい午前10時か遅くても11時には終わりますが、鳴戸部屋では12時前に終わることはありません。12時半、午後1時は当たり前。そこから風呂に入って関取衆のちゃんこの給仕もしなくてはならないので、自分がちゃんこにありつけるのは2時か3時。しかし、それが普通だと思っていたので慣れてくると苦にはなりませんでした。

一度、若い力士の誰かが規則を破ったことで稽古後に師匠が激怒し、「俺がいいと言うまで四股を踏んでいろ」と言ったまま、2階の自室に上がってしまいました。「もういい」と言われたのが夕方の4時。自分らは朝の4時に起床して12時間近くも稽古場にいたことになります。さすがにあのときは参りました。

後年、関取になって巡業でほかの関取衆から、稽古は10時には終わって昼寝の時間もあると聞いて、まるで別世界の話に思えました。私の修業時代は稽古が終わってちゃんこ、片づけが終われば夕方。昼寝の時間もなく、稽古中に立ちながら寝てしまうこともしょっちゅうだったのでうらやましく思いました。1日50〜60番は当たり前。100番以上、取ることも珍しくありません。稽古が終わればまさに精根尽き果て、その場にへたり込んで動けなくなるほどでした。全身泥だらけになったから早く風呂に入って体を洗いたい、朝4時に起きて何も食べずに昼過ぎまで稽古したからお腹が空いた、そう思っても風呂に入りたい、ご飯を食べたいという気力すら沸いてこないのです。それぐらい稽古をやっていても三段目をなかなか通過できない。それが角界に入ってからの最初の壁でした。

隆乃若はライバルであり親友

幕下昇進は隆乃若（当時、隆尾崎）と同時でした。平成7（1995）年5月場所12

上：師匠にトレーニングを教わり、精根尽き果てるまで稽古に明け暮れた修業時代　下：同期の中で最も仲が良く、一番の稽古相手だった隆乃若と

日目に隆乃若が三段目15枚目で5勝目を挙げ、先に幕下昇進を確実にしました。先に上がられて（幕下以上で着用が許される）博多帯を締めて、自分は上がれなかったら悔しい。私はこの場所、三段目37枚目。6勝以上すれば幕下が確実な状況で、あと一番を残して5勝1敗の成績。隆乃若が幕下を決めた翌日に取組があり、何としてでも勝たなければいけないと思い、6勝目を挙げて翌7月場所で隆乃若と同時に幕下昇進することができました。

うれしいことはうれしいのですが、自分は相撲経験があってこの世界に入ったのに対し、向こうは経験なしで入って幕下昇進は同時です。やはり、自分にはプライドというか、ある種のこだわりというものがありました。しかし、彼は長身だし運動神経も抜群。ちょっと相撲を覚えてきたら、どんどん番付を上げてきました。それだけの素質を持っていたのは確かです。一番に意識していたのが隆乃若であり、稽古場では一番多く肌を合わせていました。身近なライバルと言っていいでしょう。彼がいたから自分が頑張れたのは間違いないことだし、自分にとっては本当に大きな存在でした。

同期の中でも一番仲が良かったのが隆乃若でした。一番の稽古相手であり、トレーニングするときも一緒。プライベートでも休みのときにはよく一緒に食事に出かけました。大部屋で寝るときも隣同士。布団を並べて相撲のこと、将来のこと、いろいろ語り合いもしました。2人で長い間、師匠の付け人もやっていました。一緒にいる時間が一番長い間柄でしたが、ケンカや言い合いになったことは一度もありませんでした。性格が正反対だったのが良かったのでしょう。私はおおざっぱなところがありますが、彼は非常に繊細な男です。加えて〝イケメン〟に対してこっちはジャガイモみたいにずんぐりむっくりで見た目も正反対。今はお互い別々の道を歩んでいますが、たまに食事をしながら昔話に花を咲かせたりしています。

インスタントラーメンで空腹を満たした修業時代

師匠は大変厳しい方だったので、稽古場は常にピリピリと張り詰めた空気がありました。2階の親方の部屋から階段を降りてくる足音を聞いただけで、力士たちの背筋はピンと伸び緊張感が走ります。ただし、何カ月かして気づいたのですが、足音を大

き く立てたり途中でせき払いをするのは弟子たちに心の準備をさせるため、すべてわざとやっていたのです。何の前触れもなく稽古場に降りると、弟子がだらけた嫌な場面を見なければならない。そうなれば注意せざるを得ない。だから、〝シグナル〟を送っていたのだと後年、語っていました。師匠の師匠、元横綱初代若乃花関の二子山親方も同じようにやっていたそうです。

私が新弟子のころの師匠はまだ30代後半で、まだまだ元気。毎日、廻しを締めて稽古をつけていただきました。引退して5年以上たっていましたが、大きくて強くてなかなか押せませんでした。

「俵の外は断崖絶壁だと思え」と師匠からはよく檄《げき》を飛ばされました。おそらく〝土俵の鬼〟といわれた初代若乃花関の二子山親方の教えでもあったのでしょう。土俵際でも力を抜くことは絶対に許されないことでした。

「相撲は土俵際が一番面白いのだ。だから、絶対に力を抜くな」「俵に足がかかってからが相撲なんだ」というのが、親方の口癖でした。今ではあまり聞きませんが「相手は親の敵《かたき》だと思え」と教えられもしました。

鳴戸親方は徹底した節制とウエイトトレーニングで糖尿病を克服し、横綱まで上り詰めた方です。ウエイトトレーニングは新弟子にも推奨していました。鳴戸部屋には稽古場の横にトレーニングルームがありました。親方から直々に指導を受けながら、1日おきぐらいに夕方になるとトレーニングをして体を鍛えていったのですが、直接指導だったからか、不思議と体型が親方の現役時代に似てきたといろんな人から言われました。筋肉のつき方も自然と似てくるのでしょう。同じトレーニング方法だったからだと思います。

親方が常日頃から言っていたのは「うちの部屋からは糖尿病は出さない」でした。親方は現役時代、糖尿病を克服して横綱になった苦労人で、〃おしん横綱〃ともいわれました。弟子には自分と同じ苦労をさせたくないという思いがあったのでしょう。力士のちゃんこのメニューにはかなり気を使っていました。ちゃんこ番の作る食事は必ずチェックをし、栄養的に偏ったメニューがあれば変更も指示しました。親方自らちゃんこ場に降りてきて調理することもあります。

青森県出身だけにイカ、ホタテ、冬ならタラと郷土料理を出すことが多かったです。

肉も豚、牛、鶏とバランス良く食べました。ちゃんこは番付が上の者から食べるので新弟子のちゃんこは汁しか残ってないという話をよく聞きますが、鳴戸部屋で食事に困るということは、たとえ新弟子でも決してありません。親方は食に関してはかなりのこだわりがあり、餃子は皮から作り、具材も納豆やキムチなど変わったものも少なくありません。ラーメンなどの麺にもこだわり、後年は製麺機を購入するなど、うちの部屋は麺を打つところから始めていました。そこまでこだわるのは鳴戸部屋以外、なかったでしょう。おかげで自分も料理の腕はかなり鍛えられ、今でも好きでよく作っています。

そうはいっても〝育ち盛り〟の10代のころは、ちゃんこだけではどうしても足りません。体を大きくしようと思って無理をしていろんなものを食べました。お金もなかったので、どうやって少ない小遣いでお腹を満たすのかと考えると、インスタントラーメンになってしまいます。近所のコンビニやスーパーに行って〝まとめ買い〟をし、毎日寝る前に2玉を自分で茹でて食べていました。味気も何もありませんが、たくさん食べて体重を増やすことが目的だったので、構わず食べていました。それとちゃんこで残った冷や飯で握ったおにぎりを三つぐらい。自分は梅干しが苦手だったので、買ってきたふりかけを混ぜていました。

お金がなかったとはいえ、今思えばとても恐ろしいことをしていました。明らかに体に毒な食生活です。だから早く関取になって給料がもらえるようになったら、もっと質の良いものを食べて体づくりをしたいと思っていました。とにかく十両に上がれば給料が入り、自由な時間もできる。いいものが食べられて、どんどん状況が好転していくと思っていたので、一心不乱に稽古に打ち込みました。番付がなかなか上がらなかった時期もありましたが、大きなケガがなく回り道をしなかったのは幸いでした。

「あと1勝」に泣き、半年遠回り

入門からちょうど5年の平成9（1997）年3月場所。私にも初めて関取昇進のチャンスが巡ってきました。幕下8枚目で迎えたこの場所は出だしから6連勝と波に乗っていました。7番目の相撲は、勝てば幕下優勝と新十両が決定するという大事な一番です。対戦相手は同期生で十両の旭天鵬です。この世界に入って1場所でもいいから関取になるというのが夢であり目標だったので、取組前日は眠れないほど緊張しました。当日も土俵の上で立っているだけで足が震えるほどです。結果は吊り出されて痛恨の黒星。

「これだけ稽古をやっていても勝てないのか」

苦しい稽古を毎日やっているだけに負けたときの悔しさは言葉では言い表せないほどです。翌5月場所は幕下筆頭で1勝3敗の後がない状況から、何とか連勝して3勝3敗まで盛り返しました。最後の相撲に勝てば勝ち越しと新十両が確実な状況。しかし、ここでも私は大事な星を落としてしまい、負け越しで場所を終えました。誰よりもきつい稽古をやってきたという自負があるからこそ、負けた日は誰とも話したくないぐらいに落ち込みます。ましてや、勝てば関取という大事な一番を2番も落とせば、今まで味わったことがないくらいのショックを受けます。私は十両目前の幕下上位で3場所足踏みすることになります。3場所ということは半年です。結局、「一番」を逃したことで、それだけ遠回りすることになります。たかが1番落としたことで、半年間も余計に下積み生活を送らなくてはならないのです。そういう意味でのショックも小さくはありませんでした。

2人の横綱にちなんだ「若の里」の四股名

平成9（1997）年11月場所で新十両になります。前場所千秋楽の3日後に審判部内で開かれる番付編成会議で正式に昇進が決まると、部屋に電話で連絡が来ます。審判部だった師匠も会議に出ていたので、部屋での連絡はおかみさんが受けました。私はおかみさんに呼ばれましたが、そのときにはすでにおかみさんは泣いていました。すぐに実家にも電話をしましたが、両親も涙声だったような気がします。自分としても一つ、親孝行ができたという思いでした。

入門以来、本名で相撲を取っていましたが、昇進を機に師匠から四股名をつけていただくことになりました。師匠は30以上の四股名候補を紙に書いて目の前に並べ、一つひとつその意味を説明していきました。面白いのは青森県出身だから「青ノ森」、青葉城がいるんだから「弘前城」はどうだと。「この中から選べ」と言われましたが、自分では一つに決めることができず、三つを選んで最終的にはその中から師匠に選んでいただくことにしました。そして、決まったのが「若の里」です。

「若」は師匠の師匠である横綱の初代若乃花関から。「里」は師匠の現役名である隆の里関から。私と若乃花関は同じ青森県弘前市青女子《あおなご》の出身。「里」には〝土俵の鬼〟とふるさとが同じという意味もあります。2人の横綱にちなんだ大きな四股名です。光栄なのと同時にプレッシャーもありました。実は「若の里」には先代がいて、元十両の若ノ里関は引退後、協会の世話人を務めていた方です。私が十両に昇進したときにはすでにお亡くなりになっており、ご健在だった未亡人に師匠を通じてお伺いを立てたところ、「ぜひ、名乗ってほしい。亡くなった主人も喜ぶと思います」ということでした。

初代若乃花関と同じ青女子から関取が誕生したということで、地元も喜んでいただきました。早速、弘前後援会がつくられ、地元の岩木山、岩木川、名産のりんごをあしらったデザインの化粧まわしをいただきました。図案は母校の弘前二中の美術の先生が考案してくれました。締込は鳴戸部屋伝統のエンジ色です。師匠が新十両になったときエンジ色の締込だったので、部屋から新十両が出ると同色のものを締めることになっています。

何もかもが違う関取待遇

十両になると付け人もつきます。私の場合は先輩が1人、同期が1人、後輩が1人の3人がつきました。今までは自分が付け人をやっていたのが、逆に自分の身の回りのことを世話してもらうので、最初は慣れなくて変な感じがしました。ちゃんこを食べるときも給仕係として後ろに立つので、何だか落ち着きません。先輩が付け人につくとやはりこちらも気を使います。番付社会といわれる相撲の世界ですが、たとえ関取になっても先輩は先輩です。後輩が横綱、大関になってもその関係は変わりません。そこを勘違いすれば、相撲人生は終わります。師匠はそうならないように、先輩、同期、後輩とバランス良くつけたのだと思います。先輩に気を使いつつ、でも仕事はしてもらわないといけない。やりにくさは当然ありましたが、いい人生勉強をしました。

個室が与えられるのも関取の特権です。鳴戸部屋には四つの個室があり、私の部屋は6畳の広さです。早速、テレビや冷蔵庫、布団を自分で購入しました。自分自身の空間ができるというのはうれしいものです。幕下以下のころは大部屋で25人ぐらいいた中で寝ていて、テレビは1台だけ。〝チャンネル権〟は兄弟子にあるため、自分の好きな番組は見られません。そもそも、雑用などで自由時間がまったくなかったので、下積みのころはほとんど見ませんでした。歌やドラマ、お笑い芸人など、当時のはやりものはまったく分かりません。〝浦島太郎〟状態だったので、人生が変わった感じがしました。

私が関取になったことで、隆乃若との間にちょっとした溝ができたように感じました。お互いの立場の違いから、ある日を境に彼は私を立てなくてはならなくなりました。それまでは何の気兼ねもなく会話をしていたのが、向こうも遠慮して話しかけにくくなったり、誘いづらさもあったと思います。こちらも変に気を使ってもらいたくなかったのですが、彼は私のことを「若関」と呼ぶようになりました。お互い同期生だし「そういうのはやめてくれ」と頼んだのですが「関取になったんだから、そうはいかない」と頑として受けつけません。今まではご飯も風呂も一緒でしたが、これからは私が先に風呂に入り、私が先に食事をして先に個室に入って休むという生活になりました。そうなるとどうしても2人の間に距離ができてしまいます。生真面目な性格の彼は2人きりの場面でも、そういった姿勢を崩そうとしません。

私は隆乃若には一日でも早く関取になってほしいと心から願っていました。また、同じ立場になったらお互いに切磋琢磨したいと思っていました。私の昇進から1年半後の平成11（1999）年5月場所、隆乃若が新十両になったときは自分のことのようにうれしく思ったことを覚えています。これでまた、同じ立場で力を合わせてやっていけるという気持ちになったものです。

上司と部下、監督と選手とは違う師弟関係

私の新十両場所は初日から6連勝となぜか絶好調でした。師匠はよほど機嫌が良か

ったのか、私を博多の寿司屋に誘いました。弟子と食事をしようという人ではなかったので、珍しい日もあるのだなと思ったのを今でもはっきり覚えています。「何でも食べろ」と言われても、師匠を前にしては緊張して食べられるはずもありません。バツが悪いことに翌日から3連敗してしまいます。この場所は10勝5敗で新十両優勝を飾るのですが、師匠に優勝の報告をすると「お前は俺と寿司を食べに行かないほうが良かったかな」と笑いながら話していました。実はこの場所前、兄弟子の幕内力士が引退しました。私はそれと入れ替わるように同じ場所で関取に昇進したので、師匠としてはそういう思いもあったのでしょう。

師匠との2人きりの食事は数えるほどしかありませんでしたが、ベテランといわれる年になっても師匠の前ではやはり緊張します。仲良く酒を酌み交わす関係には絶対になりません。しかし、それが師弟関係だと思います。上司と部下、監督と選手という関係とは明らかに一線を画します。師匠に弟子入りして一緒に寝食をともにするという世界は、今や絶滅に近いでしょう。そういう意味で、相撲界でいまだ師弟関係が存続していることは貴重だと思います。理不尽なことは確かに少なくありませんでした。白いものでも師匠が黒と言ったら黒です。昨日と今日では稽古場で言っていることが真逆だったりもします。それでも素直に「はい」と言って聞くのが弟子。理不尽に耐えるのも修業だと思っていたので、そこで辞めようと思ったことは一度もありません。自分はそういうことも覚悟のうえで、自分から好んでこの世界に飛び込みました。相撲も人間的にも師匠からたくさんのことを学びました。今では感謝の気持ちしかありません。それを今度は後輩たちに伝えていくのが私の役目だと思っています。

新入幕で敢闘賞

「1場所でいいから関取に上がりたい」という目標を達成すると「せっかく化粧まわしも締込も用意してもらったのに1場所で落ちたら申し訳ない」という気持ちになります。そういうプレッシャーの中、新十両で優勝もできたことで「これで関取としてやっていける」という自信もつきました。

場所後は地元に〝凱旋《がいせん》〟しました。弘前後援会も大いに盛り上がり、青森県知事に優勝報告も兼ねて表敬訪問しようということになりました。後援会の方々とともに挨拶に行くと、県庁の方から「明日は幕内優勝した大関貴ノ浪関が来るんです」と言われました。その瞬間、ハッとさせられました。私が十両優勝した同じ場所で、貴ノ浪関は幕内優勝。「十両で優勝したぐらいで県知事に挨拶に行くなんて、みっともない」と大恥をかいたと思いました。青森県は横綱を6人も輩出し、大関も出ています。角界用語で言えば私などはまだ〝顔じゃない〟。「もう一度、出直してこい」と言われているような気がしました。

十両は3場所で通過し、平成10（1998）年5月場所で新入幕を果たしました。これからはテレビで見ていた人たちと対戦するという緊張もありましたが、うれしくやりがいも感じました。水戸泉関の豪快な塩撒きを子どものころ、テレビで見てすごいなと思ったものですが、何年後かにこうして同じ土俵に上がってみると「自分もここまで来たのか」と感慨深いものがありました。

〝幕内デビュー〟場所は2勝4敗と序盤は黒星先行でしたが、中盤以降は攻勢に転じ14日目を終わって9勝5敗。千秋楽に勝てばという条件つきで敢闘賞候補に名前が挙がったのは当日、場所入りしたときに耳に入りました。入門前からテレビや雑誌で見ていた三賞のトロフィーは憧れの一つだったので、何としてでも勝ってもらいたいと気合いが入りました。千秋楽は濱ノ嶋関を寄り切って勝ち星を2桁に乗せるとともに、新入幕で敢闘賞を受賞することができました。三賞受賞者は取組後も結びの後の表彰式まで支度部屋で待機していなくてはなりません。表彰式後にトロフィーを持って記念撮影をしましたが、初めての経験でもあり最高の気分でした。

弘前市から幕内力士が出たのも久しぶり。それが三賞も受賞したということで地元も沸き上がり、場所後は弘前市で祝賀パーティーを開いていただきました。200人ぐらいは集まったと思います。母校の小学校と中学校へは挨拶に立ち寄りました。中学校には何年か後、建て替えになった体育館に「若の里コーナー」を作っていただきました。ガラス張りのケースには私の化粧まわし姿の大きな写真や、三賞を受賞したときのトロフィー、賞状などが飾られています。中学校からは化粧まわしもいただいているので、今後はお返しをしてそこに飾ってもらう予定です。

翌場所も9勝を挙げ、幕内でやっていける自信がつきましたが、稽古もより一層、厳しくなるのですが、稽古以外でもさらに厳しくなります。うちの部屋は力士の掃除が行き届いていないなど、仕事でミスをすると関取衆が怒られていました。「お前がしっかり教えないからだ」というように。関取が自分1人のときは、何かあるとすべて私のところに来ました。幕下以下の力士の門限は9時半。関取衆は自己管理ということで門限はありません。たとえ朝帰りしたとしても、稽古場にいればおとがめなし。ただし、稽古がハードで昼前に終わることはなかったので、深夜まで遊ぶ気にはとてもなれません。明日の稽古のために早く寝て体を休めたい、そんなことばかり考えていました。

巡業でも他の関取衆から「朝まで飲んだ」という話を聞くことはありましたが、私はもともと外でワイワイやるタイプではないので、そこまではやりませんでした。同じ二所ノ関一門ということで、横綱土俵入りの太刀持ちをやらせていただいた若乃花関をはじめ二子山部屋の関取衆とはときどき、食事をご一緒させていただく機会があったり、稽古もよくつけてもらいました。二子山親方（元大関貴ノ花）も巡業部長だったので、同じ弘前市出身ということもあったかと思いますが、稽古ではよく声をかけていただいていました。

平成10(1998)年5月場所、新入幕で敢闘賞を受賞(奥中央)。「最高の気分だった」

憧れの貴乃花関と初対戦

幕内3場所目の平成10（1998）年9月場所は前頭4枚目。いよいよ横綱、大関と当たる地位に進出しました。場所前から貴乃花関と対戦できることは分かっていたので、それがいつになるのかワクワクしながら待っていた記憶があります。この世界に入るきっかけを与えてくれた方です。中学生のとき、貴乃花関の胸にぶつかっていなければ、高校に進学していたでしょうし、この世界に入っていたかどうかも分かりません。おそらく、若の里という力士は誕生していなかったと思います。

憧れの人との対戦は10日目に組まれました。前日は大関武蔵丸関に寄り切りで勝ち、気分がいい状態で貴乃花戦を迎えることができました。もちろん、勝ちたい気持ちはありましたが、今思えば対戦できるということに満足していたのだと思います。仕切りを繰り返している時間は夢のようでしたし「自分はとうとう、ここまで来たのか」と思うと、塩を撒きながら感極まって泣きそうになりました。仕切り線を挟んだ70センチの距離で、横綱と目を合わすことはできません。これから勝負をしようというの

角界入りのきっかけとなった憧れの横綱

に感激ばかりしていては、結果は相撲を取る前から見えていたのも同然です。ある程度は相撲を取らせてもらえましたが、最後は左からの上手投げで転がされました。負けたのに悔しさはこれっぽっちもありません。むしろ、うれしさが込み上げてきました。負けたのにうれしいと思ったのは、生涯でもこの一番だけです。勝負後はすがすがしい気持ちになりました。

貴乃花関とは通算9度、対戦するのですが、一度も勝てませんでした。突っ張ってみたりいろんなことをやりましたが、攻略のイメージは最後まで沸きませんでした。当たった感触も壁にぶつかっているようでびくともしません。横綱はどう思っているか分かりませんが、こちらにもある程度、相撲を取らせてくれるのです。そして、最後に左上手を取られれば万事休す、です。これこそ「横綱相撲」だと思います。自分が対戦した横綱の中で、本当の「横綱相撲」が取れるのは貴乃花関だけです。土俵を降りてもすべての行動において横綱であり、オーラがものすごかった。

憧れの横綱とは現役中は、会話らしい会話はほとんどしませんでした。そもそも、支度部屋はもちろん、巡業中もほかの部屋の力士と話す人ではありません。土俵上で命をかけて真剣勝負をしているのに、敵と仲良くするわけにはいかないということなのでしょう。力士とはこうあるべきというのを教えられた思いです。巡業は移動のバスやホテルもほかの力士と一緒。その中で孤独を貫くのはよほど意志の強い人間でないとできません。しかし、相撲のために貴乃花関はそれを実践していました。本当に何から何まで力士のお手本だった存在でした。

初めての休場

私の新入幕の場所後に3代目若乃花関が横綱に昇進し、それ以来、土俵入りの太刀持ちをやらせていただいていました。その若乃花関から平成10(1998)年11月場所11日目に、金星を取ることになります。対戦当日の太刀持ちは他の力士に変わってもらいますが、翌日からは再び戻ります。横綱と顔を合わせたときに「昨日は強かったね」と声をかけられ、何とも気まずい気持ちになりました。しかし、金星を挙げた2日後の武双山戦で押し倒された際、右足首を骨折してしまい翌日から休場し、入院することになりました。

ケガの翌日は不戦敗。何とその日に本場所で相撲を取り終えた若乃花関が、10個ぐらいのショートケーキを携えて、病院にお見舞いに来てくれたのです。時間はまだ6時半ごろだったので、場所からケーキ屋さんに立ち寄って直行してくれたのだと思います。

「待っているから早く治して帰ってこいよ」とうれしい言葉もいただきました。ただ、人気の横綱がいきなり病院を訪れたことで、看護師さんも記念撮影をせがんだりして院内はちょっとしたパニックになりました。

骨折の手術をした私は翌平成11（1999）年1月場所も全休しました。病室では自分が出ていない大相撲中継のテレビを見ていました。この場所で優勝するのが関脇千代大海です。最後は若乃花関との優勝決定戦で取り直しの末、初めて賜盃を抱くことになります。幕内優勝ははるか雲の上の遠いものだと思っていたのが、自分と同い年の力士がついに賜盃を手にする時代になったという、一種の感慨みたいなものを覚えました。その光景を病院のベッドで見ていた気持ちは何とも複雑でした。

3月場所は出場を決意しますが、場所前の稽古で左膝の前十字靭帯《じんたい》を断裂してしまいます。骨折した右足をかばって稽古をしていたからです。1カ所ケガをすると、そこをかばうために反対側の箇所をケガするケースはよくあることです。骨折が完治しないまま、稽古を再開した自分の責任ですが、この場所も全休すれば十両への陥落は確実。休場は絶対にできないという思いが、更なるケガを生じさせてしまったのです。

膝はガクガクでしたが、休場するか迷った末に何とか相撲が取れそうだと判断して強行出場しました。結果は5勝10敗と幕内に残留できる星は残せました。続く5月場所は番付を前頭10枚目まで下げたというのもあり、11勝4敗で初の技能賞も受賞しました。

翌7月場所は自己最高位の前頭2枚目。三役まではあと一息ですが、初日から横綱、大関戦が続き、なかなか自分の相撲を取らせてもらえず初日から6連敗。10日目、闘牙関の突っ張りを残そうとした際に左膝をさらに悪化させてしまいました。翌朝は歩けない状態で蹲踞もできません。休場しようと思い、師匠の部屋の前まで行ったのですが「休場します」とはどうしても切り出せず、ドアをノックすることすらなくそのまま引き返し、病院へと直行しました。

「何とかして相撲を取らなければいけないんです」と懇願する私に対し、医師は半ばあきれていました。「こんな状態で相撲を取るのか」という表情です。膝には痛み止めの注射を打ってもらい、薬を飲み座薬も入れてもらい、痛みがだいぶ和らぐと蹲踞は何とかできるようになりました。痛みがないといっても薬で感覚を麻痺させているだけなので、ケガが良くなるわけではありません。

生涯一度だけの立ち合い変化

この日の相手は土佐ノ海。頭から突進してくる押し相撲タイプの強敵です。まともに行ってはかなうはずもありません。ここは立ち合いで変化するしかないと思いました。果たして、立ったと同時に左に変わったのですが、普段、やったことのないことをやったため、無様にも簡単に相手について来られ、あっけなく押し出されてしまいました。当然、師匠にもこっぴどく叱られました。

気分転換にと私は付け人を連れて近所の寿司屋に行き、カウンターで寿司を食べていると、ちょっと離れたところで食べていた60歳ぐらいの男性がこちらに近寄ってきました。「私は若の里関の大ファンなんです。立ち合いは常に真っ向勝負で絶対に変化をしないところが大好きなんです」

自分が変化をして無様な相撲で負けた日の夜です。おそらくその男性はこの日の私の相撲を見ていなかったのでしょう。「そういうところを好きになってくれるファンの方もいるのか」と思い、なおさら変化した相撲を恥じました。「もう二度と立ち合いで変わらない」と心の中で強く誓いました。

それにしても、立ち合いで変化したその日の夜に、ファンの方が声をかけてくる。不思議な運命みたいなものを感じました。〝天の声〟といえば大げさですが、相撲に対する考え方が大きく変わった出来事でした。その男性の名前を聞くこともなかったし、二度と会うこともないでしょうが、会えるものなら「あなたのその一言で、私は引退するまで信念を貫いてきた」と話してみたいものです。もし、その人が家に帰ってダイジェストで私の相撲を見たら、どんなにがっかりしたことでしょう。そう思うと罪悪感でいっぱいです。以来、私は引退するまで一度も立ち合いで変わったことはありません。

肉体的にも精神的にもつらいリハビリ

左膝の状態は相変わらずで、この年の11月場所でまた同じ箇所を痛めてしまい、再び休場に追い込まれることになります。このままでは相撲が取れなくなると思い、手術に踏み切ることにしました。手術をすれば完治までに最短でも半年。3場所は休場することになります。年齢もまだ23歳と若く、幕下に落ちるのも覚悟していました。切れた靭帯を再建するという大きな手術なのですが、このとき担当していただいたのが、駿河台日本大学病院（現・日本大学病院）の斉藤明義先生でした。ちなみに、斉藤先生のもとには、現在も多くのトップアスリートが通っていて、特に膝に関してご専門にされています。私もこの後、何度も手術を担当していただき、39歳まで相撲が取れたのも先生のお蔭だと思っています。

さて、手術後、肉体的にも精神的にもこたえるのがリハビリです。このときは、群馬県内の温泉病院に約3カ月間、入院しながらリハビリを行ったのですが、手術から1カ月は歩けず、車椅子での生活です。日常生活ですらままならない状態から相撲が取れるまでになれるのか、もしかしたらもう相撲を取れないのではないか、当初はとてもではないですが、前向きな気持ちにはなれませんでした。

病院は谷川岳の麓にあり新潟県との県境に位置する豪雪地帯です。土俵から離れて雪景色の中でのリハビリは故郷を思い出させてもくれ、心を落ち着かせてくれました。院内はプールやトレーニングジムを備えたリハビリ専門の施設です。リハビリの先生がつきっきりでいてくれて、少しずつ歩けるようになると、次の段階は毎日、プールに入って水中歩行。ジムでも徐々に患部に負荷をかけていって可動域を広げていきました。病室にはダンベルを持ち込み、患部以外の筋肉は落としてはいけないと思い、鍛えられる部位は鍛えました。

番付を大きく落とした焦りもあり、土俵をしばらく離れている不安もあります。しかし、リハビリに来ていたバレーボールや柔道、野球といったほかの競技の同世代のアスリートたちといろいろな話ができたのは人生の財産となる、いい機会となりました。入門以来、初めて相撲から離れて、気持ちもリフレッシュできました。リハビリ自体はつらかったのですが、おかげで楽しい時間を過ごすことになりました。

3カ月間のリハビリ入院はなかなか根気も要りました。いざ、相撲のことを考えると孤独感が襲ってきます。早く治して復帰するんだという強い意志を持つことで、心も鍛えられたような気がしました。

平成12（2000）年1月場所と3月場所を連続で全休。当時は公傷制度があり、土俵上で全治2カ月以上の大ケガを負って休場した場合、翌場所も同じ地位にとどまることができました。そのおかげで土俵復帰した5月場所は幕下に落ちることなく、十両11枚目で何とか関取の地位は維持できました。場所前はほとんど稽古できる状態になく、ぶっつけ本番で土俵に上がりました。そうでなければ、確実に幕下に落ちてしまいます。

十両で2場所連続優勝をして同年9月場所で再入幕。前頭10枚目で11勝4敗の成績で敢闘賞を受賞すると、幸運にも翌11月場所は新三役、小結に昇進することができました。

第3章

大関取りへの道は険しく

隆乃若と同時三役昇進

新三役となりましたが、うれしさよりも不安のほうが上回っていました。初日から横綱、大関と総当たりとなり、その中で何人か上位陣を倒さなければ勝ち越せないという難しい地位でもあります。案の定、新小結の平成12（2000）年11月場所は3日目に横綱曙関を叩き込んで勝利しますが、7日目を終わって1勝6敗と大きく黒星が先行しました。大関戦をまだ二つ残してのこの成績は、勝ち越すのに非常に厳しい状況です。しかし、8日目からは出島、雅山の2大関も破るなど8連勝し、9勝6敗で初の殊勲賞を獲得して場所を終えることができました。上位陣にはまだ勝てませんが、自分より番付が下の者に取りこぼさなかったのは、それなりに地力がついているのかなと思いました。

翌平成13（2001）年1月場所は新関脇に昇進。隆乃若も新小結となり、鳴戸部屋の同期生2人が同時三役となりました。一緒に切磋琢磨してきた仲間と同時に三役を張れることは、大変うれしいことでした。一番の稽古相手であり、場所中でも三番

上：新関脇に昇進し、新小結の隆乃若と同時三役。鳴戸親方と3人で喜びの記者会見に臨む　下：昭和51年生まれの“ゴーイチ”世代

稽古（同じ相手と何番もやる稽古）をやったほどです。場所前の番付発表日には師匠を真ん中に挟んで3人で記者会見に臨んだのを覚えています。師匠も喜んでいました。「さあ、いよいよ2人でもう一つ上の地位を目指すぞ」と気持ちは燃えていました。平成15（2003）年3月場所は同時関脇にもなりました。そのときも同様にうれしく思いました。

隆乃若も私も同じ昭和51年生まれ。角界ではある特定の年代に有望力士が集中することがよくあります。古くは横綱の北の湖関、2代目若乃花関、関脇の麒麟児関、金城関、小結大錦関ら、昭和28年生まれの〝ニッパチ〟。横綱の双羽黒関、北勝海関、大関小錦関、関脇の寺尾関、琴ヶ梅関ら、昭和38年生まれの〝サンパチ〟。昭和51年生まれも私と隆乃若以外に、千代大海、栃東、琴光喜と3人の大関をはじめ、小結高見盛らがいます。我々の世代は〝ゴーイチ〟と言われました。

やはり同い年の力士には負けたくないという気持ちはありました。自分はライバルというのとはちょっとニュアンスが違いますが、千代大海が関脇で優勝して大関になり、明大中野高在籍中に角界入りした栃東もこれに続いたことで、次は自分だという気持ちはものすごくありました。大関昇進は遅かったですが、このメンバーの中では琴光喜の強さは際立っていました。私とは同じ二所ノ関一門の佐渡ヶ嶽部屋。鳴戸部屋とは同じ松戸市内にあり、若いころは出稽古でよく行き来していました。力強さとうまさを両方兼ね備えた力士で、激しい三番稽古を毎日のようにやったものです。全力を出し切れる相手であり、向こうも私のことをおそらくそう思っていたことでしょう。やりがいのある、いい稽古相手でした。

インタビュー記事に師匠が大激怒

三役力士となった私はメディアにもいろいろ取り上げられる存在になりました。ある雑誌のインタビューで「将来、子どもが生まれたら力士にさせますか」と質問されました。

「自分はこの世界で苦労したので、できれば子どもには苦労をさせたくない」と答えました。その記事を読んだ師匠は激怒しました。

「お前の苦労なんか、苦労でも何でもないぞ」

確かにその通りです。当時23歳だった私の「若気の至り」です。この年になってみれば分かります。「23歳の若造に苦労の意味が分かるのか」という感じでしょう。師匠は新聞、専門誌にはすべて目を通していました。そこで弟子が何かおかしなことを言うと、呼び出しては注意をします。説教をされるときは必ず直立不動か正座です。足が痺れようが痛かろうが関係ありません。師匠に「足を崩していいぞ」と言われるまでは正座したままです。

前章で述べた立ち合いで変化したときも、こんこんと説教を受けました。おそらく師匠は私がケガをしていたことは知らなかったと思います。こちらも気づかれないようにしていました。土俵の上や引き揚げる花道では痛い格好をするなと、常日頃から言われていました。花道で悔しがったり喜んでも「みっともないからやめろ。ファンの方々はそういうところも見ているんだぞ」と怒られます。

今は勝った力士が花道で付け人と〝グータッチ〟をする光景をときどき、見かけます。私が育った鳴戸部屋でそんなことをしたら大変です。「みっともない。負けた相手にも失礼だろ」と大激怒することでしょう。殊勲インタビューでも満面の笑みなど許されません。負けた悔しさでタオルやさがりを付け人に放り投げても「付け人を何だと思っているんだ。奴隷じゃないんだぞ」と、そういうことにも厳しい人でした。スポーツ紙を全紙見て弟子のコメントの一言一句をチェックするなど、その辺は徹底していました。力士とはこうあるべきだという確固たる理想像が、師匠の中にはあったのだと思います。そういうことを厳しくしつけられたのは、力士としていい勉強になりました。

史上1位の19場所連続三役在位

新関脇の平成13（2001）年1月場所は1横綱2大関を倒して10勝5敗。2場所連続で殊勲賞も獲得し、徐々に上位陣に対しても自分の力が通用するようになった実感が沸いてきました。関脇2場所目は6勝9敗と負け越して翌場所は前頭筆頭に陥落。2度ほど三役と平幕を往復しますが、平成14（2002）年1月場所から三役の連続在位が始まります。最初は不安のほうが大きかったのですが、場所を追うごとに自信がついていきました。しかし、大関に上がるには原則、関脇で3場所連続2桁勝利を挙げなくてはなりません。３場所合計で33勝というのが一つの目安といわれていますが、11勝を３場所続けるのは至難の技です。１場所、２場所はできても、３場所連続というのは本当に実力がある人でないと達成できません。３場所というと期間にして半年です。実力もさることながら半年間、体調面も含め、ケガなく好調をキープすることも難しいことなのです。

上位陣からもそこそこ白星を挙げるようになり、ただの関脇ではなく、その上も狙えるところまで来ているという手応えはありました。私の課題を挙げるとすれば、もともと押し相撲タイプを苦手にしていたことです。押し相撲の力士に一気に押されて負けるのが一つのパターンであり、それは引退するまで変わりませんでしたが、このころは押されても下がらないという自信はありました。もちろん、横綱は別格ですが、少なくとも同格か番付が下位の者に一気に押されることはなくなりました。

大関を目指すうえで師匠からのアドバイスが一つだけありました。それは『大関』という言葉を決して口にするな」ということです。当初は「次はどこを目指しますか」といった報道陣からの質問に対し「大関を狙ってます」と公言していたのですが、三

連続して三役を務めていたころ。御前掛かり土俵入りの様子

役を5、6場所連続して務めたあたりから、師匠にアドバイスを受けました。その真意は聞けずじまいになってしまいましたが、果たしてどうだったのでしょうか。「大関と言える立場ではないだろう」という意味なのか「口に出すとプレッシャーになるからやめろ」という意味だったのか、私には今でもそれが分かりません。

以来、そういった質問には「もう一つ上を目指します」とか「一生懸命やるだけです」といった言い方に変えました。しかし、心の中では当然、大関という地位を意識していました。関脇のままで終わりたくないと強く思ったものです。

悔やまれる大関取りのチャンス

最初のチャンスは平成15（2003）年11月場所で訪れました。関脇で前々場所は2大関を倒して10勝、前場所は1横綱2大関を倒して11勝。場所前の稽古も順調のまま、迎えた初日は安美錦を吊り出して白星発進。勝った内容も良くいい形でスタートを切ることができました。2日目は大関栃東戦。自分でも自信があったので当然、勝つつもりで土俵に上がりました。立ち合いからすぐ左四つになり、一気に寄り立てました。相撲内容的には完全に勝ったのですが、最後の土俵際で相手に突き落とされ私も右手をついてしまいました。それでも自分の寄り倒しのほうが完全に有利だと確信していました。しかし、物言いがつきます。

「えっ⁉ 何で?」

せっかくの〝勝ち相撲〟を負けにされてはたまったものではありません。結局、自分の右手がつくのも早かったということで、取り直しとなりました。

完ぺきだと思っていた相撲が取り直しになり、ショックを引きずったまま気持ちの切り替えがうまくいかなかった私は、続く相撲で栃東に一方的に押し出されて完敗です。大関を目指している自分が大関に勝ったと思った相撲が取り直しになり、負けてしまった。一日たってもどうしてもそのことが頭から離れず、2日目から3連敗してしまいます。大関取りどころか勝ち越しも危うい状況となり、この場所は最後までショックを拭い去ることができず、7勝8敗と負け越してしまいました。

2日目の栃東戦は私の相撲人生の中でも大きな分岐点。生涯で最も悔しい一番となりました。〝たられば〟を言っても仕方がないのですが、もし、あの相撲に勝っていれば、大関撃破となり波に乗って行けたと思います。逆に栃東は内容的に負けた相撲を拾った形となり、10日目まで負けなしの10連勝。結局、この場所は13勝2敗で優勝しています。双方にとって後の流れを大きく左右する一番だったわけです。

大関取りといわれたこの場所は、場所前から部屋に報道陣が多く詰めかけました。やはり、いつもの場所とは違いました。自分では意識しないようにと思っていましたが、どうしても意識してしまいます。これが大関取りのプレッシャーというものだったのでしょう。そのプレッシャーに押しつぶされて、結果は負け越し。精神面も含めて、それだけの実力しかなかったということです。

次の場所に向けて気持ちはなかなか切り替わりませんでした。実は、あるスポーツ紙の新春企画で年末に、この年大活躍した読売ジャイアンツの上原浩治投手と対談することになっていました。「巨人・上原と新大関若の里の新春対談」と銘打って大々的にやりたいという話が、11月場所前に相撲担当記者から持ちかけられました。しかし、これも私が大関に昇進できなかったことで中止です。スポーツ新聞社もせっかくだからということで、企画は中止になりましたが食事会をしましょうということになり、上原投手と都内の高級焼肉店でご一緒させていただきました。上原投手は私より1歳上。同世代で同じスポーツの世界で生きている方です。勉強になる話もたくさん聞くことができ、刺激も受けました。それ以来、プロ野球のシーズンオフに食事をするなど交流は続き、上原投手が海を渡りメジャーリーガーになって以降もメールをやり取りする間柄となりました。

幕内力士は毎年、反物を作ってお世話になっている方々に贈るのですが、生地にある「若の里」の文字は上原投手が筆で書いたものです。引退するまで毎年、字体はそのままに柄を変えて作っていました。私が現役を引退したときは、アメリカからお花が届きました。まだシーズン中だったと思いますが、気にかけていただき、うれしく思いました。〝幻の対談〟以来、いいおつき合いをさせていただいています。

気持ちが切り替えられず、2度目の大関取りも失敗

2度目の大関取りのチャンスが巡って来たのが平成17（2005）年1月場所です。場所前も調子が良く、今度こそという気持ちでした。果たして、初日、2日目と連勝スタートで「よし、いける！」と思った途端、3日目に落とし穴が待っていました。平幕の垣添（現・雷親方）に押し出されて痛恨の黒星を喫してしまいます。垣添には申し訳ありませんが、勝てると思っていた相手に負けて尾を引いたのでしょう。この日から4連敗で大関取りは序盤にしてあっけなく消滅です。

連敗すると力士はよく〝験直し〟と称して、気晴らしに外でパッと酒を飲むことが少なくありません。逆に連勝が続くと〝験担ぎ〟でひげをそらずに伸ばしたり、ある決まったことを毎日、繰り返したりします。しかし、私はその手のことは引退するまでやったことがありませんでした。そもそも、そういう効力はいっさい信じていなかったし、それで勝てるならみんな横綱になっています。カッコ良く言えば、信じるのは己の実力だけ。稽古場でやってきたことだけです。相撲以外のところで何かに頼る

という発想はありませんでした。

ただ、勝っても負けても15日間、同じリズムで生活することだけは大事にしていました。今、はやりの言葉で言えば「ルーティン」ということになるのでしょうが、準備をしっかりして毎日、同じ精神状態で土俵に上がることは心がけていました。しかし、相手もあることですし、それでも勝てないのが相撲なのです。

チャンスは逸しても6勝5敗と終盤で白星が先行していたにもかかわらず、その後は4連敗で6勝9敗の負け越しです。もう1番勝っていれば、小結にとどまっていたかもしれませんが、もはや気持ちが切れていたのだと思います。2度の大関取りの場所は2度とも負け越しです。3場所連続で2桁勝利を残すのは精神面も含め、大変なことだと実感させられました。翌場所は前頭筆頭となり、平成14（2002）年1月場所から19場所連続して在位していた三役の座を明け渡すことになりました。

19場所連続三役在位は今も破られてない史上単独1位の記録です。横綱、大関と毎場所総当たりしながら3年以上も三役を維持していたことは誇りに思う反面、大関の実力がなかったということでもあり、思いは複雑です。しかし、大関は負け越しや休場をしてもカド番となり、１場所猶予が与えられます。関脇や小結ではそれが許されません。そういう意味では大関に上がったら、それなりの結果は残せたでしょう。ただ、大関になる力はなかった。結局は力不足ということです。認めたくない事実ですが、そこは認めざるを得ません。大関に昇進した人はみな、その高いハードルをクリアした人たちなのです。

今から思えば、そのときどきでいったん相撲から離れてみても良かったのかもしれません。当時はそこまでの気持ちの余裕はなかったように思います。１日24時間、相撲のことばかり考えていた力士生活だったので、いい意味での〝オフ〟を取り入れてやっていれば良かったなと思います。横綱や大関になる人はみな、オンとオフの使い分けが上手なのだと思います。今現在の知識があって、もう1回大関取りのチャンスを与えてくれたら大関になる自信はあります。今さらそんなことを言っても仕方がありませんね。

前頭筆頭だった白鵬との一番で足を痛め、ケガと戦う日々が始まる

白鵬に初顔から6連勝

史上1位の優勝回数を誇る横綱白鵬との対戦成績は私の6勝11敗ですが、初顔からは私が6連勝しています。大関候補といわれた自分が徐々に下り坂になっていくのと、日に日に強くなっていった、のちの横綱との見事なコントラストを記録は示しています。白鵬が入幕したころは、こういう人が大関、横綱になるのだなと思ったものでした。ほかの力士とはどこか雰囲気も違っていました。体つきもしなやかでゴム毬《まり》のようで背も高く、申し分ない素質を持っていました。初顔から6連勝しましたが、対戦するごとに強くなってきました。

7度目の対戦となった平成17（2005）年9月場所6日目。関脇だった私は比較的、調子が良く、初日から3連勝と上々の滑り出し。白鵬は前頭筆頭。4勝1敗で迎えた白鵬戦で私は大腿《だいたい》二《に》頭筋《とうきん》断裂のケガを負ってしまいました。微妙な相撲となって取り直しになるのですが、太ももの裏の筋肉が切れて歩けない状態です。審判員に「相撲を取れるのか」と聞かれましたが、大勢の観客もいるので「取れません」とは言えません。足を引きずりながら土俵に上がるほどで力がまったく入りません。取り直しの一番は相撲にならず、叩き込みであっけなく敗れてしまいました。

ケガは調子がいいときに限ってやってしまうものです。不利な体勢になっても大丈夫だと思って無理をして残そうとするからです。体調が良くないときは、逆に無理はしません。私の場合もケガをするのはいつも調子がいいときだったような気がします。

白鵬には初めて黒星を喫してしまい、この日を境にとうとう一度も勝てなくなりました。そして、途中休場したこの場所が現役生活の中で最後の三役の場所となってしまいました。

ケガとの戦いが始まる

三役の座を明け渡してからは、ケガとの戦いが始まります。翌場所は全休。平幕下位に番付を大きく落としましたが、2場所連続2桁勝利で再び平幕上位に戻って来ます。しかし、平成18（2006）年7月場所で重傷を負ってしまいます。右膝の前十字靭帯《じんたい》断裂。前回、ケガをした反対の膝です。手術をすれば最低でも半年はかかり、関取からの陥落は確実になってしまいます。年齢も30歳を過ぎていたというのもあり、右膝は緩みはあるものの相撲は取れないこともないので、手術をしないことを選択しました。

それ以来、三役復帰を目指すどころか、幕内を維持するのに精いっぱいという感じでした。それでも目標はあくまでも「三役復帰」を掲げていたし、インタビューでもそう公言していました。自分の気持ちを鼓舞するという意味でも。体のテーピングもだんだん多くなり、万全の体調で土俵に上がれることはなくなりました。いかにケガとうまくつき合いながら相撲を取っていくかということが主眼になっていきます。満身創痍《そうい》となり年齢的な衰えは否めなかったにしても、体力的にはまだまだいけるという自信はありました。

手術をしないという選択をしたことで、結果的に年数が経過してくると半月板や軟骨を痛めたり、現役晩年は毎週のように膝に溜まった水を抜かなければ、階段も上れない状態になりました。今から思えば、手術をしてしっかり治すべきだったと思います。それは今の現役力士にも言えることです。完治しない状態で相撲を取ると無意識のうちに患部をかばってしまい、それが別のケガにつながり痛める範囲を広げることになります。現に私は手術をした左膝は今も調子がいい状態です。私は手術をした膝、しない膝、両方を経験しています。ほかのすべての人が自分と同じ状況ではないので何とも言えない部分もありますが、靭帯が切れているのであれば、間違いなく手術をしたほうがいいというのが私の意見です。

右膝をケガしてからは平幕下位では大きく勝ち越すことができても、上位に来ると勝ち越せず、三役復帰は届きそうで届きませんでした。つまり、もう上位陣には力が通じなくなったということです。

平成21（2009）年3月場所11日目、平幕の琴奨菊を突き落とした際、土俵下に自分も転落してしまい右足をひねってしまいます。そのときは普通に立てたので花道を引き揚げ、そのまま支度部屋の風呂に入りましたがそこで突然、歩けないぐらいの激痛に襲われました。「これはおかしい」と思い、すぐに病院でレントゲンを撮ってもらうと、右足甲の骨が完全に折れていました。

以前からお世話になっている長野県の病院で治療していただくことになり、大阪から飛行機で松本空港に飛んで病院に向かいました。骨折だとギプスで固定するのですが、この骨折は骨と骨が離れてしまったので、プレートにネジを打って骨がずれないようにする手術を行いました。今も患部にはプレートが埋まっています。しばらくは松葉づえの生活を強いられ、翌場所は全休。復帰した7月場所の番付は十両6枚目です。幕下に落ちてまで相撲を取る気はなかったので、関取残留の目安である4勝を挙げたときは正直、ホッとしました。年齢も33歳となり「ここでもう1回、ケガをしたら終わり」という思いもあったからです。

この場所は14勝1敗で通算4回目の十両優勝を果たします。あの状態でよく14勝もできたと思いますが、長く幕内を務めていた者が十両に落ちての優勝だったのであまり褒められたものではありません。

このあたりの時期から同期生がどんどん角界を去っていき、関取は旭天鵬と私だけになってしまいました。一番の親友だった隆乃若はすでに平成19（2007）年9月場所限りで引退しています。彼が引退を発表する前日、2人きりでいろいろ話をしたのを覚えています。一番の稽古相手であり、私生活でもほとんど一緒に過ごした兄弟のような力士の引退です。

「ついに別れのときが来てしまった」――。

平成4（1992）年3月場所の初土俵以来、15年間、寝食をともにしてきた〝兄弟〟の引退。いつかはこの日が来るのは分かっていたとはいえ、いざ、こういう日を迎えると心に大きな穴が空いたような心境になりました。隆乃若は三役の経験もあり、性格も真面目で頭もいい力士です。本来ならば協会に残って後進の指導に当たるのが一番なのでしょうが、結果的に協会を離れることになります。引退は仕方がないにしても角界を去るという事実については私自身、気持ち的になかなか受け入れることができず、寂しい思いでいっぱいでした。

突然訪れた師匠との永遠の別れ

満身創痍ながらなんとか幕内を務めていた私でしたが、特に平幕上位に来ると大きな連敗が目立つようになってきました。一方で、かつて私の付け人を務めてくれていた弟弟子の稀勢の里が三役に定着して、次期大関候補に名乗りを上げるまでになりました。

平成23（2011）年7月場所から関脇で10勝、12勝を挙げた稀勢の里は11月場所、博多の地で大関取りに挑むことになりました。いよいよ福岡入りするのですが、珍しく師匠から「一緒の飛行機で行くぞ」と言われました。普通、力士たちは「相撲列車」といって協会が指定した時刻の新幹線で地方場所入りするので、師匠にそんなことを言われたのは23年半の現役生活の中でこのときだけ。呼ばれたのは私だけでなぜ、呼ばれたのか理由はいまだに分かりません。

「お前は羽田で待ってろ」と言われたので、そこは厳しい師弟関係でしたから私は待ち合わせ時間の1時間前に空港に到着し、あちこち下見をして回りました。師匠は歩くのもしんどそうだったので、搭乗カウンターまでなるべく歩かなくて済む最短距離を調べ上げ、近くに腰かける椅子がないかどうかもチェックして、抜かりの無いようにして師匠の到着を待ちました。その間は師匠の運転手さんと電話でやり取りして、決めておいた駐車場では車の誘導もしました。師匠とおかみさん、私の3人は空港で食事を取ると空路、福岡に向かいました。鳴戸親方が突然、亡くなるのはその1週間後です。

福岡入りしてからは微熱が続いていたようで体調もいいとはいえませんでしたが、稽古場には毎日、降りていました。亡くなる当日もいつもと何ら様子は変わらず、稽古でもいつも通り厳しく指導に当たっていました。その日の夕方4時ごろ、部屋の若い力士から「親方が呼んでいます」と言われ、私は親方の個室へ行きました。

「部屋頭のお前がしっかりしないから若い力士たちがだらしないんだ。今まで教えたことをもっとしっかりやりなさい。部屋頭の責任は重いぞ。俺は体調が良くないから病院に行ってくる。よく考えてしっかりやれ」

2時間近く話を聞いた後、私は玄関で運転手さんが運転する車で親方が病院に向かうのを見送りましたが、それが永遠の別れとなってしまいました。

その2時間後、夜の8時ごろに病院にいた部屋付きの西岩親方（元幕内隆の鶴、現・田子ノ浦親方）から電話がかかってきました。しかし、電話口の向こうで泣きっぱなしでまったく会話になりません。

「まさか」

とても信じられませんでしたが、すべてを察しました。部屋の稀勢の里と高安も連れて来てくれということでした。彼らは部屋にいたので、すぐさま伝えました。

「親方が今、大変なことになっている。西岩親方が泣きながら電話をかけてきたから今すぐ、着替えて病院に行ってくれ」

私は関取衆2人とともに病院に向かったのですが、電話の様子から覚悟はしていました。到着したときにはすでに息を引き取っていました。病室にいた部屋所属で行司の木村隆男さんと呼出しの光昭さん、床山の床鳴さんの話によると、心臓マッサージを2時間ぐらい施していたようで胸の皮膚も剝《む》けていました。わずか2時間前は普通に話をする元気があったので、まさかこんなにあっけなく亡くなるとは到底、信じられません。表情もただ眠っているだけのように見えます。

突然来た永遠の別れに、自然と涙があふれ出て止まりません。ちょっと前も説教を受け、普段からとても厳しい人が息もしないで目の前で体を仰向けに横たえている。

そんな姿を見るとやはり深い悲しみで涙が止めどもなく出てきます。病院につき添ったおかみさんはおそらく最期を看取ったと思います。病室にいたみなさんのすすり泣きはいつまでも続きました。

15歳でこの世界に入ってからは鳴戸親方が師匠であり親父《おやじ》でした。のちに私は実の父親を亡くしますが、父とは15年間、師匠とは20年間。実の父親よりも一緒に過ごした時間は長かったわけで、亡くなった悲しみはこのうえないものでした。病院には夜中の1時ごろまでいたと思います。

「俺たち、これからどうなるんだろう」

そんな話をした覚えがありますが、そこで結論など出るはずもありません。部屋に戻ってもなかなか寝つけません。若い力士には翌朝、西岩親方から師匠が亡くなったことが告げられました。その日の夜には福岡で相撲協会員たちのために仮通夜が行われ、火曜日に遺体は車で千葉県松戸市に丸1日かかって運ばれました。松戸市内の斎場で通夜、告別式を執り行い、おかみさんをはじめ、西岩親方、私ら現役関取衆も博多を離れて列席しました。

とんぼ返りだったものの日曜には本場所が始まります。初日直前の1週間は稽古場に入っていないという状態で場所に臨みました。やはり、今一つ土俵に集中できず、5日目の勝った相撲で太ももに肉離れを起こし、途中休場してしまいます。稽古不足だったのもありますが精神的なショックを引きずり、どこかで気持ちも切れていたのでしょう。稀勢の里は大事な場所でしたが満足な稽古が積めない中、気力で白星を重ねていきました。私も病室のテレビで稀勢の里の相撲は毎日、見ていました。

稀勢の里は10勝5敗で、大関昇進の目安である3場所通算33勝には1勝足りない32勝で終わりましたが、場所後、大関に推挙されることが決まりました。大きな悲しみを抱えながら集中力を切らさず、3場所連続で2桁勝利を挙げたことは立派だったと思います。

千秋楽の3日後、鳴戸部屋で協会の使者を迎える大関昇進伝達式が行われました。私も病院から外出許可をもらい、弟弟子の晴れ姿を見守りました。

「師匠があと1カ月でいいから、長く生きてくれていれば」

そう思わずにはいられません。手塩にかけて育てた弟子の大関昇進。鳴戸部屋が創設されてから初めてのことでもあり、師匠にとっても一世一代の晴れ姿だったはずです。それを思うと、さぞかし無念だったであろうと察します。

注目の口上は「大関の名を汚さぬよう、精進します」という稀勢の里らしいシンプルなものでした。聞くところによると、生前の師匠は大関昇進時の口上を30パターンぐらい考えていて、紙にしたためていたそうです。四股名を決めるときもそうですが、それぐらい、弟子思いの師匠でした。

20年間、そばにいた師匠が突然、亡くなったことで、私も精神的な大きな支柱を失うことになりました。「俺は20年間、教えるべきことはすべて教えた。この先の人生は自分でよく考えて生きていくんだぞ」という無言のメッセージなのだと受け止めています。

話は前後しますが、師匠がいなければ弟子は土俵に上がることはできません。悲しみに暮れる一方で、一両日中に新師匠を決めなくてはならなくなりました。関脇も長く務め年齢も35歳の私に白羽の矢が立ちました。二所ノ関一門内の親方衆からも「お前が引退して部屋を継ぐべきだ」と言われました。当然のことだと思います。しかし、私は目前に迫った11月場所に向けて稽古もしてきました。そこで急に「引退」と言われても、気持ちの整理はつきません。そこで急遽、おかみさん、私、一門の親方衆との話し合いの場が設けられました。私が現役を引退して鳴戸を襲名し、部屋を継承してくれと正式な打診がありました。それが一門の総意だったと思いますが、私は首を縦に振ることはできませんでした。

「このまま現役を続ける方向で、考えていただけないでしょうか」

自分のわがままと言えばわがままです。しかし、自分がこれまでやってきたことを納得しないうちに途中で辞めることは、どうしてもできません。打診があっても気持ちが傾くことは一切ありませんでした。自分のわがままだけを通すわけにはいかないと思っていましたが、自分の中でいくら考えに考え抜いても現役を引退するという結論には至らなかったのです。

結局、部屋は部屋付親方だった西岩親方が「鳴戸」を襲名して新しい師匠に収まり、私は現役を続行させていただくことになりました。39歳まで思う存分、相撲を取れたのも、一門の親方衆の懐の深さとご理解があったからこそだと感謝しています。

第4章

引退の花道に、こらえきれず涙

「十両に落ちても取ってくれ」

場所直前に師匠の鳴戸親方が亡くなった平成23（2011）年11月場所をケガで途中休場すると、翌場所は十両へ陥落。1場所で幕内に復帰するのですが以後、平幕2桁の地位が私の〝定位置〟となり、一進一退の成績が続きます。

平成25（2013）年5月場所から3場所連続負け越し。9月場所は前頭15枚目で4勝11敗の大敗となり、翌場所はまたも十両に落ちてしまいます。これまでケガで休場して十両に陥落することはあっても、場所を15日間皆勤して、負け越して幕内から落ちるのは、平成10（1998）年5月場所の新入幕以来、初めてのこと。37歳という年齢はいつ辞めてもおかしくない年です。正直、「引退」が頭をよぎったのも事実です。場所前から「この地位で負け越して、十両に落ちたらどうしようか」と迷っていました。

体は満身創痍《そうい》。年齢からくる力の衰えも感じていました。十両に落ちてまで相撲を続けるべきではないのかなとも思いました。〝引き際〟というものがあるので、自分はどういう形のそれが一番ふさわしいのかなどと、考えていた時期でもありました。

そんなある日、元幕下力士だった先輩の方とお会いすると「十両に落ちても辞めないでほしい」と強く言われました。

「俺みたいに幕下で終わった力士にとって、十両は夢の地位だったんだ。長く三役を務めた力士が十両では相撲を取れないと思う気持ちも分かるけど、若の里関には俺らの分までぜひ、取ってもらいたい」

関取になれる割合は10人に1人。最初は誰でも「せめて1場所でいいから大銀杏《おおいちょう》を結って、化粧まわしを締めて土俵入りがしたい」と思うもの。自分も入門当初はそうでした。しかし、9割の人がそうした夢を叶えられずに角界を去っていくのが現実です。元三役だからといって「十両では恥ずかしくて取れない」というのは、こういう人たちに失礼なのではないか。迷いは吹っ切れました。十両も立派な関取です。十両に落ちても堂々と相撲を取ろうと思いました。ただし、十両から落ちたら即、引退しようと決めました。十両の地位でケガをして休場に追い込まれれば、翌場所は幕下に陥落するリスクがあります。十両では「この場所で終わるかもしれない」という覚悟で毎場所、土俵に上がっていました。

幕内復帰のために9回目の手術

長年、相撲を取っていると膝に水が溜まるようになりました。晩年は毎週1回、ひどいときは3日に1回は水を抜くのですが、多いときは200cc、少ないときでも100ccの量です。医師からも「こんなに水を抜く人はいない」と驚かれました。

水を抜くときは水の中に異物が入っている可能性があるので、細い針だと中が詰まってしまいます。なので太い針を打ちます。当然、痛みも何倍かになります。歯を食いしばってこれを耐えるのですが「打つときはちゃんと言ってください」と先生に告げます。そうしないと、とても耐えられるものではありません。旭天鵬も一度、抜いてもらったそうですが「飛び上がるほど痛かった。もう二度とやりたくない」と言っていたので「何を言っているんだ。俺なんか毎週、抜いているんだぞ」と言いました。彼は信じられないといった表情で半ばあきれていました。膝に水が溜まると痛みがどんどん激しくなり、曲げ伸ばしもできなくなります。私の場合は特に右膝に水がよく溜まりました。

毎週のように水を抜いてもらうと、病院で診てもらわなくても、今はどれくらい溜まっているのかが、感覚的に自分でも分かるようになりました。地方の病院に行くと「今日はこれぐらいの量の水が抜けるので、抜いた後は薬を何cc入れてください」とこちらからお願いすることもありました。おそらく、そんな人はいないでしょう。膝に関しては整形外科医が務まるのではないかというほど、自分でも勉強しました。

さて、本場所中は痛み止めの注射を打たないと相撲どころか、蹲踞もできないほどでした。

痛み止めも1週間に1回、かなり強めのものを打つのですが、痛み止めはあくまでも痛みを麻痺させるだけなので、打ったからといって治るわけではありません。逆に感覚が麻痺するのでつい無理をしてしまいます。そうすると余計に痛めてしまう。病院の先生からは「あまり打ちたくない」と言われていましたが、痛み止めを打たないと相撲が取れないので本場所中だけということで、無理を言って強い薬を入れてもらっていました。しかし、何度も打っているうちにそれも効かなくなってきます。だましだまし相撲を取るのももう限界でした。

平成25（2013）年の暮れには37歳にして右膝にメスを入れました。周囲からは「そんな年齢になって何で手術なんかするんだ」とよく言われました。現役最後の手術となりますが、すでに9回目です。おそらく私ほど現役中に手術をした力士はいないと思います。

1週間ほど入院をして1月場所まで時間がなかったので、抜糸する前からトレーニングを積んで体を動かしていました。手術明けの平成26（2014）年1月場所は十両4枚目で初日から4連敗。初日からの連敗は精神的にも相当、きついものがありますが、右膝の状態も日に日に良くなっていたので、痛みさえ取れてくれれば後半は盛り返せるという気持ちでした。しかし、結果は5勝10敗。十両で負け越すのは初めての経験だったので、かなり大きなショックを受けました。「衰えたとはいえ、十両ではまだ勝てるだろう」と思っていたのが勝てなくなる。「引退」の二文字がいよいよ現実味を帯びてきたように感じました。自分だけでなく周囲でも「この場所で終わってしまうのではないか」と思った人は少なくなかったに違いありません。

その反面、「まだまだ絶対にあきらめないぞ」という強い気持ちもありました。同期生の旭天鵬はまだ幕内で頑張っています。20代のバリバリのころは場所中に顔を合わせても会話はまったくしませんでしたが、このころぐらいから支度部屋ですれ違うたびに「お互い、頑張ろうね」「俺はお前より先には辞めないよ」などと冗談交じりに励まし合いながら握手を交わすようになりました。自分の中では「もう1回、幕内に上がって旭天鵬と対戦したい」という気持ちを込めて、彼の手を握っていました。そうやってお互い、体力の衰えを気力でカバーしていたのです。

これだけ長く現役を続けていると10歳下の力士と対戦することなど、珍しくはありません。17、18歳下といった親子ほど年の離れた力士とも顔が合います。青森の後輩阿武咲と対戦したときは、20歳差の対決でした。昔は後輩が上がってくると「負けるわけはない。自分が壁になってやる」ぐらいの自信がありましたが、それもだんだんと「今日もだめかな」と弱気になってきます。そのたびに「まだまだやるんだ」と気持ちを鼓舞しながら土俵に上がっていました。

このあたりから出場回数や場所数、勝利数などが歴代10傑の中にぼちぼちランクインするようになりました。私のわずか上を行っているのが旭天鵬です。節目の数字や過去の名力士の記録を抜くたびに記者に囲まれたりもしましたが、私はそういうことには正直、いっさい興味はありませんでした。このときのモチベーションはとにかく1場所でも1日でも長く関取でいたい、ただそれだけです。それがあるから最後の最後まで頑張れたのだと思います。負けたときの悔しさは若いころと何ら変わりはありません。その気持ちがなくなれば終わりだと思っていました。

手術の効果は3月に入って出てきました。3月場所、5月場所と連続勝ち越しで、平成26（2014）年7月場所で5場所ぶりに幕内に復帰することになります。この場所が関取在位がちょうど100場所目。5人しかいない先輩たちの仲間入りができてうれしかったです。年齢も38歳になっていましたが、手術をして本当に良かったと思います。

38歳にして新化粧まわし

実は、関取在位100場所を記念したパーティーを自ら企画して都内で開き、約100人の方が集まってくれました。地元の弘前市でのパーティーは何度もありますが、東京では21歳で関取になって38歳になるまでの17年間で初めてのことです。長い間関取をやっていると、応援してくれる知人や友人も増えてきたので、そのお礼もしたかったので1回ぐらいは東京でちゃんとした会を開きたいと、以前からずっと思っていました。私と妻で企画して案内状を送り、会では私の入門からこれまでをまとめたVTRを見てもらい、お土産には私が自らろくろを回して作ったお猪口《ちょこ》を皆さんに持ち帰っていただきました。後日、その日の集合写真とお礼状もお送りするという、何から何まで自分たちでやった手作りの会でした。

これだけ長く現役を続けていると主治医の先生をはじめ、大阪、名古屋、福岡の各地方にもかかりつけの医師がいて、各病院の看護師の方々とも顔見知りになりました。整形外科、整骨院、マッサージなど、どれだけ治療のために時間とお金を費やしたか分かりません。毎日巻くテーピング代だけでもばかになりません。これらをすべて合わせれば、家1軒は建っていたでしょうね。

せっかく幕内に復帰したのですが8日目、鏡桜に掬い投げで勝った際に、右上腕二頭筋を断裂してしまい、日に日に内出血で肩から指先までが紫色になっていきました。

病院に行ったからといって、治るわけではありません。病状を知らされ、せいぜい痛み止めの薬をもらうだけです。気力で場所を務めるか、休場するか。私は前者を選択しました。場所は気力で乗り切るしかない。千秋楽が終わったらすぐに病院で検査をしてもらって治療をしようと思いました。

そうと決断したら右腕全体にテーピングを施し、内出血の跡が相手に分からないように隠しました。筋肉が切れたときの痛みは半端ではありません。筋肉に力を入れるとうめきたくなるほどの激痛が走ります。それでも力を入れないと相撲は取れません。土俵上では痛い格好ができないので何食わぬ顔をしていましたが、取組後は風呂場であまりの痛さにうずくまって動けなくなりました。もう腕がもげるのではないかというぐらいです。場所中は「とにかく早く15日間が終わってくれ」とそればかり考えていました。

ケガをした後でしたが、同期生の旭天鵬と対戦できたことはうれしく思いました。右腕は全然動かせない状態でしたが、この日だけは腕がどうなってもいいという気持ちでした。向こうは39歳でこちらは38歳。2人とも全盛期の半分も力はありませんが、作戦も駆け引きも一切なしで今出せる力を真っ向勝負で出し合いました。結果は私が押し出しで勝ちましたが、たくさんの拍手は私だけでなく旭天鵬にも向けられたものだったと思います。取組後はすがすがしい気持ちになり、支度部屋を出て帰り際にも旭天鵬とバッタリ会うと「俺は負けたけど、気持ちが良かった」と言っていました。

千秋楽翌日、東京のかかりつけの病院で検査をしてもらうと、筋肉が完全に切れていました。私は言われるまでもなく、症状でそれは分かっていました。開口一番、医師に言われたのは「よくこんな腕で相撲を取っていましたね」でした。「こんな状態でスポーツをやる人なんていませんよ。よく我慢しましたね」。この日から4週間はギプスで患部を固定する生活が始まりました。

場所後の巡業は休みましたが、動かせないのは右腕だけ。ギプスで固定した状態でジムへは毎日通い、右腕以外を鍛えていました。年齢も年齢だし、1場所で十両に陥落して地位も地位です。しかし、まだ引退だけはしたくないという気持ちでした。だからこそ、自宅で安静にしているわけにはいかないと思っていました。

4週間が経過し右腕は動かせるまでになりましたが、筋肉はまだ完全にくっついてはいません。医師は次の場所の休場を勧めました。「もし出るのなら、筋肉が切れることを覚悟してください」と。私は即答しました。

「全休すれば幕下に陥落します。イコール引退です。切れたら切れたで引退します。その覚悟で出場します」

こうして出場に踏み切った9月場所は十両5枚目で初日から5連敗です。それでも膝を手術したときと同じで一日一日出場することが何よりの〝薬〟でした。それが白星ならこれほど効く〝薬〟もありません。

「とにかくこの場所さえ乗り切れれば、来場所までには筋肉は絶対にくっついているはず」

それを信じて毎日、土俵に上がっていました。9月場所前にはこの年になって化粧まわしをいただくことになりました。7月場所のときにお世話になっているクリニックの院長先生がぜひ、化粧まわしを作りたいということでした。

「私はいつ引退してもおかしくない力士です。どうせなら長いこと締めてもらえる若い力士に贈ったらどうですか」と最初はお断りしました。しかし、先生はこう言いました。

「そうではないんです。私の気持ちは若の里関に引退してほしくないんです。ここで関取にプレゼントさせていただくことによって、関取自身も頑張れるでしょうし、仮に1場所で引退したとしても、私は若の里関以外に締めてもらいたい力士はいないんです」

私は先生のお気持ちもくみ取って「分かりました」とありがたく頂戴することにしました。

「先生のお気持ち、本当にうれしいです。何場所締めることができるか分かりませんが、締めさせていただきます」

先生の男気を感じました。いただいた以上は1日でも長く締めないと、それが恩返しだと思って9月場所の土俵入りでは毎日、締めました。先生は愛知県の方です。ということは7月場所（名古屋）まで1年は頑張らなくてはいけない。いい目標ができたと思いました。先生もそういう目標を持ってもらいたかったのでしょう。

私は翌平成27（2015）年7月場所を最後に引退するのですが、それで気が抜けたわけではありませんが、先生との約束は果たせたかなと思っています。本場所にも来ていただき、私の化粧まわし姿を見ていただきました。場所後は福井県鯖江市の巡業に先生をお呼びしました。化粧まわし姿の写真を撮っていなかったので「本場所では撮れないから、巡業のときに一緒に撮りましょう」とツーショットの写真を撮りました。私にとっても宝物となった一葉の写真です。

現役最後の一番を取り終えて

右上腕二頭筋の肉離れがようやく癒えた平成26（２０１４）年11月場所は、西十両6枚目で9勝6敗の成績を残しましたが、これが現役最後の勝ち越しとなってしまいました。もう1、2勝上積みしていれば入幕の芽もあったのでしょうが、もはや幕内の力は残っていなかったのでしょう。西十両筆頭と幕内復帰のチャンスだった翌平成27（２０１５）年1月場所は、5勝10敗と大きく負け越しました。翌3月場所は番付運良く西4枚目。3枚しか落ちず依然、チャンスはあったのですが、前半は5勝3敗と白星先行も後半は1勝6敗とペースがガタッと落ちてしまい、6勝9敗です。

体力の限界ももう近いと感じていましたが、気力が萎えたことは一切ありませんでした。ただ、連敗すると精神的にもきついものがあり、疲れがドッと押し寄せてくる

引退の前年に「若の里関以外に締めてもらいたい力士はいない」と贈られた新化粧まわし

ような感覚はありました。もう、このころになると「あと何勝すれば関取残留だ」などと、そんなことばかり考えながら土俵に上がっていました。連続負け越しで番付もじり貧となり、同年7月場所は西十両11枚目。関取残留の目安として、最低でも6勝しなくてはなりません。

名古屋入りしたときから、いよいよ進退が懸かる場所が来たという気持ちになっていました。そうはいっても、名古屋で引退するつもりはさらさらありません。いざ、場所が始まると初日から4連敗です。負けてもいいからいい相撲を取りたいと思っていましたが、内容的にもまったくいいところなしです。同期生の旭天鵬も幕内の前頭11枚目で初日から4連敗。5日目は私も彼も揃って初白星を挙げました。相撲を取り終えて支度部屋を後にするときに、出番前の旭天鵬は準備運動で汗を流しています。そのタイミングで一言二言、言葉を交わしながら握手をして別れるのが日課みたいになっていました。旭天鵬も「幕内から落ちたら引退」と公言していたので、苦しい立場に立たされていました。

「お互い、頑張ろう」「今日はだめだったけど明日だな」などと言い合いながら、お互いを励まし合っている感じです。

10日目の時点で3勝7敗と苦しい星になりました。内容的には前半よりも体は動いている感覚はありました。厳しい状況ではありますが、気持ちは切れていませんでした。残りの5日間は23年半やってきたことをすべて出し切りたい。それでだめなら結果を受け入れる覚悟はできていました。

12日目、出羽疾風に敗れて9敗目。現役を続行するには残り3日間を全勝するしかなくなりました。翌13日目は天風を引き落として降し、何とか踏みとどまりました。残りを全勝しなくてはならないと考えると精神的に参ってしまいます。とにかく先のことは考えず、目の前の一番に集中するだけだという気持ちです。

14日目、旭日松に押し出され10敗目を喫したときには決心が着きました。陥落も確実となり、あと1日を残して引退を発表しても良かったのですが、あと1番、悔いなく取って土俵を降りたいと思っていました。

この日の夜、今までお世話になった人たち一人ひとりに「今までどうもありがとうございました。明日が最後の一番になりますのでぜひ、応援してください」という内容でメールをしました。さすがに夜は寝床に入っても、なかなか寝つけませんでした。眠りについたのは2時を回っていました。3時近くだったかもしれません。

私の現役最後の相撲を生で見てもらいたいと思い、急遽14日目の夜に名古屋に妻を呼び寄せました。急なことで千秋楽のチケットも用意していません。妻はチケットを買って入ると言っていましたが、千秋楽の当日券は朝の7時、8時に並んだところで手に入りません。事情を話せば関係者入り口から入れてもらうことは十分可能だったのですが「ファンの方々は厳しい暑さの中、並んでチケットを買っているのに、関取の妻という理由で裏から入るわけにはいかない」と言って、朝5時に並んで当日券を買って入りました。

千秋楽の天鎧鵬戦は自分十分の形に組み止めることができました。全盛期の自分ならそこからつかんだ廻しを引きつけて、グイグイと前に攻めることができたはずですが、この年になると足がなかなか前に出てくれません。結局、攻め切れず寄り切られてしまいます。今の時点ではこの程度の力しか出ないのだと嫌でも実感させられました。本音を言えば、まだまだ現役で相撲を取っていきたいという気持ちが強くありま

最後の一番は自分十分の形になるも、攻め切れず……

したが、関取の座を失うという現実を考えれば、そういうわけにはいきません。

二字口《にじぐち》で礼をして土俵を降り、花道を引き揚げるときは今までに聞いたこともないぐらいの大音量の拍手と声援を受けました。人前では絶対に泣かないと強く誓っていたはずが、会場の異様な雰囲気にやられました。こんな形で相撲人生の花道を引き揚げることができた自分は何て幸せ者なのでしょう。もうこらえることができません。23年半分の涙がとどまることなく流れてきます。私のさがりとタオルを受け取った付け人の坂邊も泣いています。支度部屋で出番に向けて汗を流していた、かつての付け人で十両の輝も涙が止まらなかったそうです。

心の中ではすでに引退を決意していましたが、いざそのときが来ると何とも言えない複雑な気持ちになりました。この日に進退を明言することはありませんでした。本来ならこのタイミングで発表するのが筋なのでしょうが、引き際については自分のわがままを通させていただくことにしました。場所後には地元青森で巡業があります。その前に引退することは自分でも想定していませんでした。やはり、地元の方々、両親にも自分の大銀杏姿を生で見てもらいたいという思いがありました。そのためにはここで引退を明言することはどうしてもできませんでした。もちろん、葛藤はありました。千秋楽の３日後には番付編成会議があります。そこまでに引退届を出さなければ、次の場所も私は幕下力士として番付に載ることになり、それによって私の地位より下の者は順席が１人分後退することになります。その辺は申し訳なく思っています。

実父との突然の別れ

場所後の夏巡業は私にとって現役最後の巡業となり、〃思い出づくり〃の場となりました。次の場所のことを考えなくて良いという巡業は楽しいものでした。まるで修学旅行のようでデジカメで写真をたくさん撮りました。

８月19日の青森県八戸市の巡業で十両力士は帰京となりましたが、青森県出身の私と阿武咲だけは20日に行われる青森県野辺地町の巡業まで参加することになりました。17日は岩手県一関市で巡業が行われ、その日の夜、次の巡業地である秋田県に入り、いよいよ次は青森だなと気分が高ぶっていました。そんなとき、兄・善一から電話が入りました。

「親父が心筋梗塞で亡くなった」という突然の悲しい知らせでした。まさか。父は以前、脳梗塞を発症させて車椅子生活を余儀なくされていましたが、命にかかわるほどではなかったので元気でいるものだと思っていました。「明日、青森に行くというのに」。神様のイタズラでしょうか。ドラマのような展開に驚き、現実を受け入れることができずにいました。周りからは「すぐに戻ったほうがいい」という声もありましたが、巡業をしっかり務め上げるのは関取としての責任。翌日の秋田県三種町の巡業を終えてから、すぐに弘前市の実家に向かいました。

父は前日、急に倒れて救急車で病院に搬送され、その途中で息を引き取ったそうで、兄も間に合いませんでした。おそらく父も楽しみにしていたであろう息子の青森入りまであと1日。そのタイミングでなぜ……。自分も最後の化粧まわし姿を両親に見せてから、心置きなく引退をしたかった。実家に戻った私はひとまず、父親の顔を見て線香をあげると次の巡業地、八戸市へと向かいました。

青森でも夏は暑く遺体が持たないので、兄貴としては早く通夜と葬儀を済ませたい

故郷での巡業を目前にして急逝した実父の墓前で手を合わせる

ということでしたが、力士として巡業を最優先したいという私の意向をくみ取ってくれ、巡業が終わる3日後まで待ってくれました。

最後の巡業を終えて実家に戻り、葬儀も無事、済ますことができました。父も形を崩さず、私が帰ってくるまで頑張ってくれたのだと思います。なぜ、このタイミングでという思いを拭い去ることはできませんが、7月場所千秋楽の本場所での息子の最後の相撲を見て、満足してあの世に旅立ったから良かったと今は思うしかありません。父には「若の里」の文字が入った、その日着ていた浴衣を脱いで袖に通してやり、最後のお別れをしました。告別式では「生前の父は『俺は若の里の親父だ』と自慢するのが口癖でしたが、あの世でも自慢できるように若の里の文字が入った浴衣を着せてやりました」と挨拶をさせていただきました。きっと今ごろは、私の汗臭い浴衣を着て威張っていることでしょう。

私は相撲界の親父と実の父、2人の父親を亡くしました。深い悲しみを味わいましたが、後の人生は自分自身でしっかり考えて生きていきなさいということなのだと、今は解釈しています。

稀勢の里から贈られた花束を手に、最後の花道を引き揚げた

話は戻りますが、8月20日の野辺地巡業が力士としての私の最後の務めになりました。尾車巡業部長（元大関琴風）からは「最後なんだから若手に胸でも出してやれ」と言われましたが、膝がガタガタで踏ん張れる状態ではないので丁重にお断りしました。勧進元さんからは「番外お好み」として若の里対遠藤の取組が組まれ、左四つがつぷりの体勢になると最後は私の右からの上手投げが豪快に決まり、これ以上ない拍手と声援をもらいました。花道を引き揚げると弟弟子の大関稀勢の里から花束を受け取りました。最後に当代きっての人気力士と対戦でき、思い残すことなく相撲人生の花道を飾ることができました。

8月末には地元弘前市で約1000人の聴衆の前で講演を行いました。以前から決まっていたことで、これもどうしても現役力士としてやりたかったという思いがありました。それも引退発表を先延ばしにした理由の一つです。こうして9月場所の番付発表があった後の9月3日、正式に引退を発表し年寄西岩を襲名することになりました。7月場所限りでの引退だったので夏巡業も参加することができ、地元にも現役力士としての最後の雄姿を見てもらい、自分自身、気持ちの整理をつけることができました。他の場所であれば、おそらく千秋楽の時点で引退を発表していたことでしょう。そういう意味で、私のわがままを聞いていただいた周りの方々にこの場を借りて、感謝の意を申し上げたいと思います。

記録よりも一日でも長く力士でいたい

現役中は終始一貫して「数字には興味がない」と言い続けてきました。確かにそれは本心なのですが、貴乃花関の通算勝ち星数794勝を抜くときだけは特別な感情が沸きました。貴乃花関との出会いがなければ私は角界入りしていなかったわけで、入門後も常に目標として頑張ってきました。その大横綱の勝ち星をまさか自分が追い抜くことなど、とても考えられませんでした。もちろん、超えたのは数字だけであって力士としては私など、平成の大横綱の足元にも及びませんし、今でも憧れの方であることには変わりありません。

大鵬関の勝ち星を超えたときも、やはり意識しないわけにはいきませんでした。「あの大横綱の大鵬関を超えたのか」ということも周りからは言われました。いずれにしても、長く現役を務めていると歴代10傑に自分の名前が入るようになります。過去の大先輩たちと記録の上だけでも肩を並べるまでに自分がなったということは、やはり感慨深いものがあります。

節目の数字や過去の名力士の記録に並ぶたびに報道陣が私の周りを囲みますが、私は引退するまで数字や記録を目標に土俵に上がったことは一度もありません。では、何を目標にして相撲を取り続けてきたかといえば「一日でも長く力士でいること」。その一言に尽きます。その結果が通算914勝だったということです。

しかし、私の記録の少し上に常にいるのが同期の旭天鵬です。通算勝ち星は私より13勝多い927勝です。追いつきそうでとうとう最後まで追いつけませんでした。ただし、私には休場が124日あります。仮にこの日数全部に出場し、勝率が5割だったとすれば、旭天鵬の記録を抜いていたことになります。そんなことを冗談で本人によく話したりします。でも、仕方がありません。ケガも負けと一緒だからです。旭天鵬はケガで休場したことは一日もありません。40歳まで関取を務めてケガによる休場が全くないというのは、ある意味で最強の証しです。私がどんなに頑張っても追いつける数字ではありません。

私の三役連続在位19場所は史上単独1位の記録で、大関候補といわれていた時期もありますが、賜盃には手が届きませんでした。しかし、旭天鵬は37歳にして賜盃を抱いていいます。その部分でも私はかないませんでしたが、彼がいたからこそ私も頑張れたことは間違いありません。ちなみに、旭天鵬に怒られるかもしれませんが、幕内通算成績は私の22勝14敗だったことだけは記しておきましょう。入門から20年以上がたった同期生同士が幕内で対戦するというケースはおそらく過去にはなかったことでしょうし、通算勝ち星が900勝以上の2人の顔合わせというのも今後はまずないと思います。初土俵も引退場所も同じ場所というのも不思議な縁を感じます。

彼とは現役中、一度も食事に行ったことがありませんでしたが、引退直後の10月、都内の居酒屋で初めて平成4（1992）年3月場所初土俵の同期会を行いました。151人いた同期生のうち全国各地から25人が集まりました。三役もいれば序二段、三段目どまりだった人もいて番付はさまざまですが、力士を志した最初の半年間は教習所で一緒に机を並べた、かけがえのない仲間たちです。昔話で盛り上がったり、現況の仕事のことを報告し合ったり、心の底から楽しい時間を過ごすことができました。改めて同期生というのはいいものだとしみじみ思いました。

現役を退いた今、自分から好きで入った世界だったのでまだまだ力士を続けたかったという思いも正直、あります。ただし、度重なるケガもありながら、できることはすべてやり切ったという思いもあり、悔いはまったくありません。完全燃焼です！今は肩の荷が下りてホッとしたような気持ちです。

付け人のおかげで相撲が取れる

関取を17年も務めると、私についた付け人も延べ100人は超えていると思います。関取の身の回りの世話をするのが付け人の仕事ですが、付け人は決して奴隷でも便利屋でもありません。そこは師匠の鳴戸親方から厳しく言われていたことです。それでも仕事はきちんとやってもらわなければ困るので、ミスをしたときは厳しく叱っていました。しかし、ある時を境に叱ることをやめました。きっかけは長野県で入院していたときの先生のお話を聞いたときです。

私が入院中に看護師さんがある手術の準備をするのに大事なことを忘れてしまったのですが、院長さんは叱りもせずに淡々としていたのです。それがなければ手術ができなくなるという重大なミスにもかかわらずです。普通の大人ならば腹が立ってもおかしくない場面です。それなのに院長さんは平静でいるのです。私は尋ねました。

「看護師さんが重大なミスを犯したのに、院長さんはなぜそれを叱ったりしないのですか」

するとこう答えました。

「若の里関、私ら医師は看護師さんがいなければ、仕事ができません。看護師さんのおかげで手術もできるのです。だから、一生懸命に仕事をした結果のミスは叱れません」

思わずうなってしまいました。一生懸命仕事をしている人間は、自分がミスをしたら自分自身の中で反省をしているはずです。それをあえて上の立場の人間が厳しく叱責したところで、効果もそれほどないように思えてきました。むしろ逆効果にさえ思えます。以来、私は考えを改めました。初めからやる気のない人間は別ですが、付け人が真面目に仕事をしたうえでミスをする、何かを忘れる、そういうときは「彼らのおかげで自分は相撲が取れているんだ」ということを改めて肝に銘じるようにしていました。そうすれば腹も立ちません。これまで私についてくれた付け人たちには感謝しかありません。

付け人時代の輝との思い出

大器といわれる石川県出身で高田川部屋の輝も、私の付け人を2年以上も務めてくれました。通常は同じ部屋の若い力士が務めるものですが、うちの部屋は人数が少ないので同じ二所ノ関一門の高田川部屋から付け人を借りていました。

彼の第一印象は長身でいい体をしているし、これは強くなるなと思いました。私と同じ15歳のたたき上げでこの世界に入りましたが、注目されて入門してきたので、名前だけは知っていました。

平成26（2014）年9月場所、西幕下3枚目で3勝3敗だった達（輝の当時の四股名、本名）は、最後の一番で勝ち越しと新十両昇進が懸かっていました。相手は十両の明瀬山で入れ替え戦です。私は支度部屋で準備運動をしながら、自分の相撲以上にドキドキと緊張しながらテレビに見入っていました。達が寄り切りで勝った瞬間は、自分のことのようにうれしく思いました。私の明け荷は支度部屋の奥のほう。横綱、大関の少し手前の位置に置いてあります。大一番をものにした達は大勢の関取衆をかき分けるように、私のところへ一目散に駆け寄ってきました。

「おかげさんで勝ち越すことができました。これで十両にも上がれそうです」

彼は誰よりも私に一番に挨拶をしたかったかどうかは分かりませんが、私も彼の手を握りながら「おめでとう。来場所は俺と当たるかもしれないな。頑張れよ」と返しました。通常なら付け人が関取に上がっても、同じ部屋なので対戦することはありません。しかし、私と達は違う部屋。私の身の回りの世話をしてくれて、巡業でも常に私に帯同していました。いつもそばにいれば自然と情も沸いてきます。そんな弟分といずれ土俵上で戦わなくてはなりません。やるからには負けたくありませんが、本音はやりたくありません。

翌11月場所、達は新十両と同時に「輝」に改名。地元と東京を結ぶ北陸新幹線の特急名「かがやき」から取ったそうです。輝は西十両14枚目で私は西十両6枚目。この場所で対戦は組まれるだろうとは思っていましたが、その日は10日目にやって来ました。覚悟はしていたとはいえ、いざ決定するとやりたくないという気持ちが先に来ます。私は実際に彼と肌を合わせたことはありませんが、稽古場や巡業で彼の稽古ぶりは見ていたので、どういう相撲を取るのかは分かっていたし、弱点もそれなりに分析ができていました。あとは気持ちの問題です。

実際に土俵に上がったときはまともに目と目を合わせることができませんでした。顔すらも見られませんでした。おそらく、輝もそうだったと思います。仕切っていてもいつもは相手の目をじっと見るのですが、このときは輝の胸元あたりに視線をやっていました。今までに味わったことのない複雑な心境です。しかし、勝負する以上は先輩として負けるわけにはいきません。行司の軍配が返ると私は一気に土俵際まで押し込まれましたが、左が入って四つに組み止めたのでこれでいけると思いました。左

上：平成26(2014)年11月場所で新十両となった輝。場所後に初めて関取として参加した巡業での支度部屋にて
下：元付け人の輝との対戦は、勝利しても複雑な気持ちだった

からの掬い投げが決まり、輝の体は土俵上で裏返りました。豪快な勝ち方でしたが、うれしさはまったくありません。もう二度とやりたくないというのが、率直な気持ちです。

テレビ中継の解説で雷親方（元小結垣添）は「もう1回、出直してこいというような相撲でしたね」といったコメントをしていましたが、実際は負けずに終われてこれでカッコがついたかなとホッとしたのが正直なところです。

彼が付け人でいたときにずっと言ってきたことは「俺はお前とやって負けて引退となれば悔いはない。だから、早く上がってこい」でした。しかし、実際に土俵上で対《たい》峙《じ》すると勝負師としての血が騒ぎます。絶対に負けたくないという心情でした。命を懸けて戦うわけなので、自分にとって弟のような存在の彼と二度と土俵上で白黒つけたくないと強く思ったものです。

「もう1回やりたい。勝つまでやりたい」と彼がコメントしたのを聞いて「勘弁してくれ。このまま〝勝ち逃げ〟したい」と思ったものです。輝には激励の意味を込めて「俺はもうお前とはやりたくないんだから、早く幕内に上がれ。十両はお前みたいにこれから伸びるやつがいつまでもいるところじゃない。俺みたいに力が落ちたやつがいる場所なんだ」と言いました。半分は冗談ですけど半分は本音です。

輝とは平成27（2015）年3月場所でも顔が合い、このときも私が押し出して勝ちました。通算成績は私の2戦2勝です。これで私は輝の前では一生、大きな顔でいられます。「将来、お前が横綱になっても俺はお前に負けたことがないと自慢できるから良かったよ」と彼には言っておきました。現役生活の晩年は輝という存在が私を大いに楽しませてくれました。

輝は私の付け人を立派に務めてくれましたが、高田川親方から預かった大切なお弟子さんなので、ただ付け人を務めてもらうだけではなく、この世界のことをきちんと教えなければいけないと思っていました。巡業に行ったときも行く先々でいろんなことを勉強してもらいたいと思い、各地の名所に連れて行ったりそこの名産品や美味しいものを食べたり、全国にいる私の知り合いの方々にも彼を紹介したりしました。海釣りにも小豆島と出雲で巡業があったときに行ったことがあります。「僕は釣りが得意です」と言っていた割には、私のほうが釣果がありましたね。

輝がまだ10代のころ、北海道には行ったことがないというので、函館の朝市を一緒に見て回ったこともあります。ウニ丼とイクラ丼を腹いっぱい食べたこともいい思い出です。

「ただ腹が減ったから食べるんじゃない。地方に行ってそこの名物を食べるのも勉強なんだよ」という話もしょっちゅうしました。力士としてではなく一人の大人としていろいろなことを知ってもらいたい、いろいろなことを経験してもらいたい、そんな思いもあって時間が許す限り、彼を方々に連れ回しました。北海道の露天温泉で2時間、相撲界とはこういうところだというのを説いたことがあります。向こうは「早く出ましょうよ」という顔をしていましたが、こちらはいろいろなことを教えなくてはいけないと思っていたので、熱さでのぼせ上がる彼に構わず語り続けていました。

ある日、こんなことを言ったことがあります。

「お前も早く関取になって俺と同じ立場で巡業に出られるようになれよ。俺が一番うれしいのはお前から『若の里関、今までお世話になりました。お陰様で関取になることができました。今までたくさんご馳走になりましたが、一度、ご馳走させていただきたいので時間を空けておいてください』と言われることだ。俺はその日を楽しみにしている。だから、俺が引退する前に関取になってくれ」

私の話を聞き入っていた輝は「はい、分かりました。頑張ります」と言っていたが、果たしてそういう日が来るのか、首を長くして待っていましたが、ついにその日が来ることになりました。平成27（2015）年3月場所後の春巡業のことです。

「静岡で時間を作ってもらえませんか。今までのお礼を込めて僕にご馳走させてください」

私はこの言葉を聞いて、うれしさのあまり目を真っ赤にし、涙をこらえるのが精一杯でした。そして、その日を心待ちにしていました。

「よし、分かった。どんなことがあってもその日は空けておくぞ」と言ったものの、私の膝はどんどん痛くなり蹲踞もできなくなってしまいました。巡業とはいえ、これ以上みっともない相撲は取れないということで、治療に専念するために巡業を途中で休場することになりました。食事会は泣く泣くキャンセルです。私自身もすごく楽しみにしていたので非常に残念な思いでした。

「今回は申し訳なかった。今度、巡業に出たら頼むぞ」

これでまだまだ引退はできないと思ったものです。その年の夏巡業でついにその日はやって来ました。場所は仙台です。

「牛タンを食べに行きましょう。僕はお店が全然分からないので、どこか教えてもらえますか」と輝。

「よし、分かった。俺から店には予約を入れておく」

以前も行った同じ牛タンのお店を再訪することになり、私の付け人の坂邊と3人で行くことになりました。坂邊は私と輝の事情を知らないので「今日は輝が付け人時代に交わした約束を果たしたいということで、俺もとても楽しみにしているんだ」と説明すると、彼は「そんなところに自分も行っていいんですか」とその場で涙ぐんでしまいました。

輝も私もうれしくなって、日本酒を急ピッチで胃袋に流し込みながら牛タンに舌鼓を打ちました。気がつけばあっという間に閉店時間も近づいてきました。輝は酔っ払いながらもお勘定をしようと席を立つところだったので「ちょっと待て」と私はそれ

上：付け人時代の輝と出雲巡業の休日に釣りへ出かける
下：輝との念願の食事会は夏巡業の仙台で。名物の牛タンに舌鼓を打つ

を制しました。

「今日は僕が払う約束でしたから」

「確かにそういう約束だったけど、俺は本気で奢《おご》ってもらおうなんて思っていない。今日は、お前が俺と同じ立場になって声をかけてくれたことが一番うれしいんだ。誘ってもらっただけで十分だから勘定は俺が持つ。お前は払ったらだめだ。腹いっぱい食え」

そこから閉店時間ギリギリまで飲んで食べて、心地良く酔っ払って店を出ました。

「すみません。自分が払うはずが……」

どこまでも生真面目な男です。そんなところがまた、かわいくて仕方がありません。その日は最高の気分でホテルに帰りました。今、思い出しても涙が出てきそうです。

約3週間の巡業期間中、輝は毎日、私の隣に明け荷を置いて、まるで飼い犬のように私から離れようとはしません。彼は関取にもかかわらず気を使ってか、私の帯を引っ張ったり浴衣を着せてくれたりもしました。

「お前がいくら出世しても、俺の前では偉そうな真似はさせないからな」などとこちらが軽口をたたけば、彼も「それは分かっています。自分は一生、若関の付け人みたいなものですから」と笑って答えます。

「お前が横綱になっても、だぞ」

「もちろんです。僕は若関の付け人の仕事ができるのがうれしいんです。何でもしますよ」

私にとって最後の巡業となった青森県野辺地巡業では「最後だから、僕に締込を引っ張らせてください」と輝が志願したので、私は彼に締込を締めてもらうことにしました。付け人時代は当たり前の光景でしたが、輝が関取に昇進し、しかもこの日が私にとっても現役最後の締込姿となる日です。締めてもらいながら、こんなことを話しました。

「俺は今日で終わり。お前ももう立派な関取なんだから、自分で何でもできるようにならないとな。自分で考えて自分で努力して、強く立派な力士になるんだぞ。今日で俺から卒業して、独り立ちだぞ。でも、俺はまだ協会にいるから、何かあったら連絡しろ」

心情的にはいつまでも私のそばにいてもらいたいですが、それは本人のためにはいいことではありません。高田川親方のお弟子さんをお借りする立場として、私は自分なりに力士とはこうあるべきという理想像や、一社会人として身につけておくべきものはすべて教えたつもりです。ただし、相撲に関しては一切、口出しはしませんでした。それは、輝には高田川親方という師匠がいます。相撲に関しては高田川親方の指導で強くなるべきだと思ったからです。輝には「お前は高田川親方の弟子であることを忘れるなよ。俺は高田川親方からお前をお借りしている立場なんだ。だから親方の言うことを聞いて、しっかり頑張るんだぞ」と教えました。輝の相撲に関しては、部屋が違う自分があれこれとアドバイスをする立場にないと思ったからです。

輝の立場を考えると、10代でこんな古参力士につくなんて緊張もしただろうし、大変だったと思います。彼は真面目な性格で人の話もよく聞く素直な好青年です。いい意味で今風ではなく若者らしくもありません。一生懸命、稽古に打ち込むし普段は寡黙で謙虚。むしろ古風なところがあります。人間的にはとても素晴らしい〝ナイスガイ〟です。本当に付け人としてよくやってくれました。

巡業が終わって力士たちも帰京して数日後のことです。輝から「大事な話があるので会えませんか」という電話をもらいました。「電話で言えよ」「電話ではだめなんです」「それじゃあ、俺が高田川部屋に行くよ」「いいえ、自分がそちらへ行きます」「こっちは車で行くからいいよ」。

そんなやり取りをした後、高田川部屋近くのファミリーレストランで会うことになりました。輝と大由志（私の付け人をしていた高田川部屋の力士）の２人が、大きな袋を携えてやって来ました。

「若関、お疲れ様でした！」と言って渡されたのは、アルマーニのネクタイとマグナーニの靴でした。こんな目立つ大きな体をして、私のために場違いなアルマーニショップに行ってアイテムを選んでいる光景を想像すると、涙が出るほどうれしく感じました。引退後、初めてテレビ中継で解説をさせてもらったときに、そのネクタイを締めて実況席に座りました。渋い紺色のネクタイがテレビに映えたと思います。そこまで考えて輝は選んでくれたのかな。足元も20年以上履いていた雪駄《せった》から、革靴の生活が始まります。２人からの思わぬプレゼントは、私にとって一生の宝物です。

弟弟子・稀勢の里に期待すること

大関稀勢の里も入門してすぐに私の付け人になりました。年齢は私よりちょうど10歳下になります。稀勢の里は中学3年の夏休みから鳴戸部屋（当時）に稽古に来ていました。入門当初から私は毎日、胸を出していたのですが、当時からほかの力士とは違っていました。素質はもちろんのこと、自分から「お願いします」ときつい稽古に向かっていく姿勢からは、強くなりたいという貪欲《どんよく》さが伝わってきました。こちらも稽古のつけがいがあります。私も20代半ばの一番力が出る時期だったので、どんどこいという感じでした。毎日のことだったので彼も苦しかったと思います。「今日は嫌だな」と思う日もあったと思いますが、こちらも強くなってもらいたいので泥だらけになるまで厳しい稽古をつけました。それでも稀勢の里は毎日泥だらけになり、マゲは崩れて汗と涙を流しながら必死に私にくらいついてきました。巡業にもずっとつきながら仕事も一生懸命やってくれました。

毎日、胸を出しながら、いずれ私を追い抜く日が来るのだなと思っていましたが、

靖国神社で行われた奉納大相撲にて、付け人時代の稀勢の里と

あっという間にその日が来たのは本人の努力の賜物《たまもの》です。17歳9カ月で新十両、18歳3カ月で新入幕はいずれも貴乃花関に次ぐ史上2位の年少昇進記録です。三役昇進も10代で果たし、大関昇進まではやや時間を要しましたが、その後は安定して2桁勝利を挙げています。

番付を抜かれた当時は悔しさもありましたがその反面、自分のことのようにうれしく思ったものです。今でも稀勢の里の相撲を見るときは自然と力が入ってしまいます。初優勝は琴奨菊に先を越されて本人は一番悔しい思いをしているでしょうが、後から振り返って「琴奨菊の優勝があったから頑張れた」と思える日が来ることを願っています。

かわいい弟弟子なので、私の中では最も頑張ってほしいと思っている力士です。高安についてもかつては私の付け人を務めたこともあり、もちろん思いは同じです。

第5章

たたき上げの誇り

ウエイトトレーニングで精神を鍛える

力士の本分は稽古であることは言うまでもありませんが、稽古方法も時代とともに変わってきているのは確かです。四股、テッポウ、摺り足など、基本的なことは変わりませんが、稽古を補うという意味で、今はほとんどの関取衆がウエイトトレーニングを取り入れています。私は新弟子のころから師匠の鳴戸親方の勧めもあり、週に3、4回はジムで汗を流してきました。おっつけるにしても、廻しを引きつけるにしても、投げるにしても、技術が同じならば力の強い者が勝つというのが、師匠の持論だったからです。ただし、ウエイトトレーニングが主になってしまうのは本末転倒です。あくまでも稽古のプラスアルファの部分でなければいけません。

私が39歳まで現役を続けてこれたのも、ウエイトトレーニングのおかげであることは間違いありません。特に力を入れたのは現役晩年の35歳を過ぎたあたりからで、週6回はジムに通っていました。本場所中も、です。35歳までは場所中は一切、トレーニングはせずに治療とケア、休養に充てていましたが、それではだめだと気づきました。20数年間、トレーニングをやってきてたどり着いた結論は、ウエイトトレーニングはただ筋力を鍛えるだけではなく、精神も鍛えられるということです。場所中もやることによって「自分はこれだけやってきたのだ。だから土俵に上がったら負けるわけにはいかない」という強い気持ち、自信が湧いてくるのです。

確かに場所中にやるのはしんどいことです。体だけのことを考えれば、しっかり休養を取って翌日に備えたほうが得策でしょう。しかし、いくら体調が良くても気力が充実していなければ、いい相撲は取れません。場所中は体力的に疲れていても、トレーニングをやることによって気力の充実を得られるということに、35歳になって初めて気づきました。言ってみれば、ウエイトトレーニングによって筋力を鍛えるより、精神を鍛えるほうが大きな目的になったわけです。

何となく気持ちが乗らない、疲労が取れない、天気が悪い、そんな日は行く気がうせますが、そこで行かないと自分に負けたことになる。「俺は精神を鍛えるためにジムに行くんだ」と自分の体と心に鞭《むち》を打ち、1回15分でもいいから場所中でもジムに行くのです。体は余計に疲れますが、それを凌駕《りょうが》するほどの気力が身につくのは間違いありません。それを翌日の土俵で爆発させるのです。現役最終場所もほぼ毎日、ジムに通っていました。気持ちが落ち込んだまま、土俵に上がりたくなかったからです。

年齢的にも稽古場で申し合いができなくなったことも、ウエイトトレーニングの頻度を増やした理由の一つです。場所前は2時間、場所中は1時間。それを週6回やることで、申し合いを毎日やっている若い関取衆とも何とか渡り合うことができました。トレーニングメニューはその日の体調とも相談しながら決めるのですが、一番よくやったのは膝が悪かったこともあり、下半身強化のレッグカールとレッグエクステンションで、負荷をかけた足の曲げ伸ばしです。1日でもサボるとそこで気持ちが切れてしまうのではないかという思いはありました。気持ちが切れる＝引退という恐怖感が襲ってきます。それを取り除いてくれるのがウエイトトレーニングだったのです。

土俵での稽古ができなくなっても、技術的なことは20数年やってきて体に染み込んでいると自分に言い聞かせ、あとは筋力を落とさないことが一番大事なことだと思っていました。だから筋力トレーニングに最も励んだ時期は35歳過ぎからです。

地方場所のときのジムは仕事帰りのサラリーマンや主婦、学生など、一般の方々と一緒なので、トレーニング仲間も増えていきました。汗を流していると「今日はいい相撲でしたね」「いつも応援しています」などと声をかけられます。そんな縁もあって、ジム仲間が食事会を開いてくれたこともありました。目的が一緒なので皆さんとはすぐに打ち解けることができ、引退した今でもいいおつき合いをさせていただいています。

メンタルトレーニングの重要性

メンタルトレーニングもまた、私にとっては大きな〝出会い〟でした。これも35歳のとき、知り合いの方からスポーツメンタルトレーニングの第一人者・東海大学の高妻容一先生を紹介していただき、その高妻先生が毎月、都内で講習をやっているというので、そもそも「メンタルトレーニングって、何だろう」と思い、話を聴きに行ったのがきっかけです。

先生にまず尋ねられたのは「相撲で心技体のうち、何が一番大事だと思いますか」

ということでした。何が大事かと聞かれれば、当然「心」となります。「では、それをパーセンテージで答えてください」と言うので「心」と答えた以上、「心」の数字を一番大きく言わなければなりません。とっさに聞かれたので、とりあえず「心が50パーセント、技が30パーセント、体が20パーセント。こういう割合だと思います」と答えました。すると先生は「分かりました。そう思っているんですね。では、心技体でそれぞれトレーニングに割く時間の割合を言ってください」と質問してきました。

そう言われてみると、「技」と「体」は日々、稽古場で鍛えていますが、「心」を鍛えるための時間はまったく割いていません。私は正直に「心はゼロ、技は50、体も50」と答えました。先生は「そうですか。関取は心が50パーセント大事だと言っていたのに、何で心を鍛える時間の割合がゼロなんですか。心が50パーセントの割合で大事だと思ったら、心を鍛える時間も50パーセントでなければいけないんじゃないですか」と。

ハッとさせられました。「目から鱗《うろこ》が落ちる」とはまさにこのことです。それ以来、先生の講習を毎月、聴きに行くようになりました。いろいろなことを教わったのはいいのですが「心を鍛える」と言われても、具体的にどうやって鍛えればいいのかがよく分かりません。

人間は気持ちが乗っているときは、持っている以上のものを発揮する力が出ます。逆に気持ちが乗らないときは、持っている力の半分も出ません。それは相撲を取っていると実感することです。連勝が続けば何をやっても勝てるような気分になってきますが、負けが込んでくると自信も失い、いつもならできることができなくなったりします。しかし、いいときも悪いときも、もともと持っている技術力は同じです。では、なんでそれだけの差が出るのかといえば、心の持ちようが違うからです。体を動かすのは筋力だけではありません。勝ち越しや優勝が懸かったりする大一番であればあるほど、筋力だけでは体は動きません。「心」がしっかりしていないと実際に体は動かないのです。

「心」を鍛える具体的な方法はいろいろあるのですが、最も手っ取り早い方法は物事を何でもプラスに考えるということです。まずはそこからスタートします。自分の身に降りかかる不幸な出来事や最悪の事態についても、すべて前向きに捉えることです。

膝にケガを負ったら落ち込むのではなく「この間に上半身を鍛えよう」とか「神様がくれた休みだと思うことにしよう」とか「ケガが治れば、また活躍できるんだ」というようなプラス思考が大事なのです。強引でもこじつけでもいいから、何でもポジティブに捉えると不思議なことに、あらゆることがいい方向に転換していくのです。

日本のスポーツ界も今、ようやくメンタルトレーニングの重要性が叫ばれてきました。特に五輪競技ではフィジカルトレーニングと同等かそれ以上の重要性を持って取り組まれているようです。一昔前なら「何を楽しんでいるんだ。そんなことを考える暇があったら汗を流して練習をしろ」と一笑に付されていました。アメリカではすでに１９８４年のロス五輪のころから本格的にメンタルトレーニングが導入されていたそうです。それと比較すれば、日本は約30年も遅れていることになります。ましてや、相撲界はその分野においてはもっと遅れています。そろそろ、この分野にも腰を据えて取り組むときが来たのではないでしょうか。

ただし、先生はこうもつけ加えています。

「私の講義を聴いたからと言って、すぐに心が強くなるわけではありません。私の講義は魔法ではありません。何かしらのメンタルを鍛えるための『トレーニング』を日々、実践していかなくてはなりません」

つまり、体から汗を流すことと、心から汗を流すこと、どちらも必要だと思います。先生の講習にはアスリートだけでなく、指導者、心の病気を抱えている人、会社の管理職のサラリーマンなど、受講生はさまざまでした。今やメンタルトレーニングは、現代社会に生きるすべての人にとって重要なのかもしれません。

実際、力士が「心」のトレーニングに50パーセントの時間を割くのは難しいと思いますが、年齢的に技術、体力の伸びしろがなかった私の場合、今までやってこなかったメンタルの部分を鍛えていけば、現役生活もまだ延びるのではないか。35歳でメンタルトレーニングに出会ったときにそう思いました。

稽古に入る前は四股や摺り足の準備運動で体をほぐします。ならば「心」の準備運動とは何か。気持ちが落ち込んだままでは体は動きません。筋肉をほぐすのと同様に、気分も乗った状態で稽古に入るべきではないかと考えました。高校野球でもプロ野球のキャンプでも選手が笑顔で大きな声を出して、練習から盛り上げていく光景をよく見ます。楽しい気持ちで取り組めばやる気も出るし体も動く。チームの士気も上がるでしょう。相撲界では稽古は黙々とやるものだという考えがあります。稽古場では笑顔は厳禁であるべきだと思いますが、気持ちを高めて気分良く稽古場に入ることは重要ではないかと思います。

相撲から離れる時間を作る

メンタルの話に関連して言えば、オンとオフの切り替えも相撲にとってはとても重要です。稽古がマンネリになるとどうしても気持ちがだらけてきます。鳴戸部屋では毎年夏になると、師匠の故郷である青森県の浪岡町（現青森市）で合宿を行っていましたが、ここでは2週間、一切相撲を取らず、ひたすらトレーニングだけをやっていたこともありました。力士が2週間も相撲を取らないとどういう心理状態になるか。それはもう不安で仕方がなくなります。その渇望感によって2週間ぶりの稽古は中身の濃いものとなりました。やらされる稽古より、自分からやりたいと思ってやる稽古

現役時代に始めた陶芸の趣味。ろくろを回す時間はいい気分転換

のほうが何倍もの身になります。師匠にもそういった狙いがあったのでしょう。

ときには相撲から離れることも必要です。そういう意味で、私は意識的に相撲のことを忘れられる時間を作っていました。それが今も私の趣味である陶芸と油絵です。趣味に没頭しているとすべてのことを忘れて心が無になれます。時間もあっという間に過ぎてしまうほど、集中している自分がいます。

陶芸は30歳のときに、相撲が大好きな陶芸家の髙橋直右衛門先生と縁あって知り合うことになり、以来、先生がやっている陶芸教室に通うようになりました。そうはいってもまだ現役だったので、せいぜい1カ月に1回行けるかどうかでしたが、相撲のことを忘れてろくろを回している時間は私にとって貴重でした。陶芸をやるのは場所前か場所後。いい気分転換になりました。

前にも書きましたが、油絵も30歳を過ぎたあたりから、少しずつ道具を揃えながら始めました。風景画がほとんどで、場所中、寝る前に30分から1時間ぐらい、キャンバスに向かうこともありました。なかなか時間は取れませんでしたが少しずつ描いていき、作品は全部で10点ぐらいあります。横綱日馬富士のプロ級の油絵には到底、か

筆者が描いた岩手県陸前高田市の「奇跡の一本松」の油絵

ないませんが、陶芸と油絵はこれからも時間を見つけては続けていくつもりです。

アスリートと食事

食事も力士やアスリートにとっては重要な問題です。若いころは何も考えず、とにかく体を大きくするために暴飲暴食を繰り返していました。お金も知識もなかったので、質より量という感じでした。食事についても10年ほど前、京都の杏林予防医学研究所の山田豊文先生との出会いがきっかけに根本的に変わりました。一番大きな違いは、白米をやめて玄米を食べるようになったことです。白米とは玄米を精白したもので、外側の皮を削ったものです。しかし、お米は皮にこそ栄養があるのです。現代人は美味しさを求めるあまり、精白した白米を食べるようになりましたが、栄養的には偏りがあり、これが成人病をはじめあらゆる病気のもとになるのだそうです。

精白されていない玄米は茶褐色をしていて、白米よりもビタミン、ミネラル、食物繊維が多く含まれているため、最近は健康食品として見直されてきています。最初は慣れないので、美味しいからどうしても白米を求めがちでしたが、食事も稽古と同様に大事だと思って玄米に替えることから始めました。一番の効果は便通が良くなったことです。腸が活性化されることで食べ物もより美味しく感じるようになり、体の疲れやだるさが翌日まで持ち越すことがなくなりました。野菜やワカメなどの海藻類、豆類も積極的に取るようにもなりました。野菜は生野菜を中心にドレッシングをかけずに亜麻仁油をかけます。味気ないですが、味のことより体のことを優先に考えなくてはいけません。

酒は嫌いではありませんが、もともとそんなに量を飲むことはありません。煙草ももともと吸いません。添加物の多いものも食べないようにしています。

食生活を改善する第一の目的は、やはり一日でも長く現役生活を続けたかったからです。先生のところには定期的に通うようになったのですが、先生曰く「私のところに来るときは、必ず奥さんも一緒に連れてきてください」ということでした。アスリートよりも食生活を預かる夫人に勉強してもらいたいという考えからです。それからは口に入れるものすべてに気を使うようになり、油一つにしてもこだわりました。

体が資本のアスリートにとって食べ物は、体を動かすための燃料です。車でいえばガソリンと同じです。不純物が混じったガソリンではいい走行はできません。いわゆる〝ジャンクフード〟や〝ファストフード〟は一切、口にしなくなりました。外食するときは白米やパン食にならざるを得ないケースもあります。そういうときは極力、茶色い米、茶色いパン、つまり玄米や玄米パンを食べるようにしなさいというのが先生の指導です。ラーメンも大好物なのでたまには食べますが、なるべくセーブするようにしています。肉は食べますが、脂身は避けるようにしています。

食生活を改善したことも長く力士でいられた要因の一つだと思いますが、健康面を考えると引退後も食事に気を使う習慣を続けていくつもりです。

23年半頑張ってきた自分への〝ご褒美〟

現役を引退して引退相撲の準備に取りかかるまでの間に少し時間ができたので、新婚旅行も行っていないというのもあり、夫婦で海外旅行をしてきました。巡業で海外には

ハイジの世界に憧れて、スイス旅行へ。アルプスの山々を堪能した

行ったことがありますが、プライベートでは行ったことがなかったのでぜひ、実現させたいと現役中から考えていました。23年半、力士として頑張ってきた自分へのちょっとしたご褒美という思いもありました。行き先は前から行ってみたかったスイスです。

柄でもないのですが、私は子どものころから『アルプスの少女ハイジ』の世界に憧れていました。一度でいいからアルプスの山々に囲まれた草原で、思い切り寝転がってみたいという長年の夢が私にはありました。

成田から直行便でチューリヒに入り、そこから列車でツェルマットというところへ行きました。登山列車でさらに４０００メートル級の山を一気に登ります。アルプスの山々は想像以上で、生まれて初めて見る景色に夫婦で感動しっぱなしでした。マッターホルンの麓に位置するツェルマットという街は、ガソリン車が入れません。私たちは自転車を借りて、ゆったりとした時間が流れる街並みを心地良い風に吹かれながら、のんびりと走りました。空気も水も食べ物もとてもおいしいところで『アルプスの少女ハイジ』の世界も十分に堪能することができました。

帰りの飛行機はちょうど北極のそばを通るのですが、たまたま夜中に目を覚ましましたので夜空を見ようと窓のブラインドを上げると、目の前にはオーロラが広がっていました。こんなに美しい光景は見たことがありません。星が散らばる夜空いっぱいに広がる、まさに光のカーテンです。思わず隣で眠る妻を起こしました。CA（客室乗務員）に尋ねてみると、冬の天気がいい日で空気が澄んでいるときにたまに見られるそうです。私たちはなんてラッキーなのでしょう。最後の最後にこれほどのご褒美が待っていたとは！　帰国してもしばらくは夢心地でした。私たちはスイスが大好きになってしまい、東京でもスイス料理の店を見つけては夫婦で食事に行っています。

伝統文化の継承者としての誇り

私自身が力士だからなのか、相撲の歴史にも大変興味を持っています。奈良県桜井市に通称「相撲神社」が今もありますが、そこで約２０００年前に初めて天覧相撲が行われたというのを知りました。日本書紀によれば、垂仁《すいにん》天皇７年、大和国の當麻蹴速《たいまのけはや》が最強の名をほしいままにしていたため、垂仁天皇がこの男を打ち負かす者を探しているると出雲国の野見宿禰《のみのすくね》が呼び寄せられました。

最も古い相撲として知られる両者の戦いは、野見宿禰が當麻蹴速の脇腹を蹴り、あばら骨を折って殺してしまうという壮絶を極めた戦いだったという伝説が残ります。その2人が相撲を取ったとされる場所に行ったことがありますが、今もそこだけは土俵をかたどったように草が生えず、四方には四本柱のような木が立っています。

私が力士だからかもしれませんが、その場に立ってみると神聖な空気が流れているような気がして、身が引き締まる思いです。力士である私にとってはパワースポットのようにも感じました。野見宿禰と當麻蹴速が天皇の前で戦った約2000年後の今も、天覧相撲は依然として続いています。世界的に見てもスポーツの世界において、これほどの伝統を有する相撲の素晴らしさ、奥深さを改めて感じずにはいられません。この伝統が今後も途切れることなく3000年、4000年と続いていくものにしていかなければなりません。

私自身が相撲の歴史を好きだから言うわけではありませんが、力士である以上、知っていてしかるべきだと考えます。力士の中には野見宿禰や當麻蹴速の名前を知らな

兵庫県たつの市にある野見宿禰の墓にて。相撲の歴史に
思いを馳せる

い者もいるかもしれません。しかし、それはある企業の社員が創業社長の名前を知らないのと同じで、恥ずかしいことではないでしょうか。

さらに調べてみると、野見宿禰の墓が兵庫県たつの市にあるというので、さっそく行ってきました。龍野公園内の山道を1時間ほど登ったところに墓の入り口があります。お墓はそこからさらに急な石積みの長い階段を上らなくてはなりません。相撲の神様の墓前で手を合わせることができるのは、この急な坂道を登り切った者だけなのだと感じました。まるで、誰もが行ける容易な場所ではないのだという、野見宿禰のメッセージのようにも思えてきます。言い伝えによると、大和国から出雲国に帰る途中にこの地で病死すると、出雲の人たちがやって来て野に並び、川の小石を手から手へと運んで墓を建てたそうです。

旧国立競技場にも野見宿禰の壁画が飾られていました。日本の国技で勝利した相撲の始祖が、スポーツにおける勝利の象徴という位置づけでもあったわけです。力士経験者としてこれほど誇らしいことはありません。後輩たちにもマゲを結った力士であること、伝統文化の継承者であることに誇りを持ってほしいというのが私の願いです。

おわりに

〃新米親方〃の私はこれから勉強しなければならないことがたくさんあります。私という人間のベースには師匠であった鳴戸親方の教えがあるので、〃鳴戸イズム〃が礎となって後進の指導に取り組むことになるでしょう。鳴戸親方の教えということは、師匠の師匠に当たる初代若乃花関の教えということになります。

まず思うことは、心の強い力士を育てたいということです。特に相撲は個人競技であり、勝負師として周りと仲良くする必要はありません。人間だからそれでは淋しさを感じることもあるでしょう。しかし、孤独に打ち克《か》ってこそ、土俵上で命を懸けて戦うことができます。そんな心の強い力士を育てたいのです。焦らず気張らず、コツコツと地道にやっていけば大丈夫だと思っています。

角界は伝統を守っていかなければならない世界ですが、それだけでは衰退していくと思います。大事なのは伝統を守りつつ、その時代に合った指導法、考え方、ルールを取り入れていかないと、時代に取り残されてしまいます。何を残して何を新たに取り入れていくのか、指導者はその判断が正しくできなければいけないでしょう。現役のころは自分の相撲だけに集中していれば良かったのですが、これからは一人の社会人として周りからは見られることになるので、相撲以外のことも貪欲《どんよく》に吸収していかなければなりません。

師弟関係というのは現在の世の中ではなくなりつつあります。上司と部下、監督と選手といった関係とも違います。弟子が師匠のもとへ修業に入るということで、必ずしも世間の正しい、正しくないという基準がそこに当てはまるわけではありません。私はそういう環境で育ってきましたが、それはとても大事だと思っています。理不尽なことでも耐えろということではありません。師匠は弟子に愛情を持って育て、弟子は師匠のために頑張るという関係をいかに築けるか。先輩の親方衆はよく「自分が相撲を取っているほうがよっぽど楽だ」と言います。いずれ自分もそういう壁にぶつかるのだと思いますが、近すぎず離れすぎず、絶妙な距離感でいられるいい師弟関係を作っていきたいものです。

強くなるのは二の次です。弟子には真面目で人としてお手本になるような人間になってもらいたい。そのための教え方も難しいでしょう。手取り足取り教えるものでもないと思うし、黙っているだけでもいけません。ときには自分で考えさせることも必要だし、雷を落とすことも必要でしょう。力士としては関脇どまりでしたが、指導者としては横綱を目指していきます。親方になった以上、将来的には自分の部屋を持ちたいという夢はあります。簡単でないことは分かっていますが、そこを目指して現役時代以上に精進していきたいと思います。

根底にあるのは初代若乃花関の教えであり、師匠隆の里関の教えです。そこから若の里の教えを見つけ出し、この三つのバランスを保ち、「たたき上げ」で養った精神力で頑張っていきたい。第2の人生はスタートしたばかり。この先、困難もあるでしょうが、今はとてもワクワクしています！

両国国技館内で行われた引退会見では、相撲人生を振り返り、ちょっぴり涙も

付録 全星取表

〈生涯成績〉
914勝783敗124休
(勝利数歴代7位)

〈通算出場〉
1691回140場所
(歴代5位)

〈幕内成績〉
在位87場所(歴代8位)
613勝568敗124休

〈幕内在位〉
87場所
(歴代8位)

〈関脇在位〉
17場所
(歴代6位)

〈三役連続在位〉
19場所
(歴代1位)

〈各段優勝〉
序ノ口優勝：1回
平成4(1992)年5月場所
幕下優勝：1回
平成9(1997)年3月場所
十両優勝：4回
平成9(1997)年11月場所
平成12(2000)年5月場所
〃 7月場所
平成21(2009)年7月場所

〈金星・三賞〉
金　星：2個
殊勲賞：4回
敢闘賞：4回
技能賞：2回

※歴代記録は平成28(2016)年5月場所終了時点

平成4(1992)年●

3月場所

前相撲
2勝1敗

5月場所

東序ノ口17枚目 優
7勝0敗

日	勝敗	決まり手	対戦相手
1	○	押し倒し	中田
2	や		
3	○	寄り切り	琴丸山
4	や		
5	○	寄り切り	出羽ノ富士
6	や		
7	○	下手投げ	琴青砥
8	や		
9	○	寄り切り	指宿
10	や		
11	や		
12	○	押し出し	旭嵐山
13	○	外掛け	斉藤
14	や		
15	や		

182.0cm　109.0kg

7月場所

東序二段20枚目
4勝3敗

日	勝敗	決まり手	対戦相手
1	や		
2	○	寄り倒し	浜光
3	や		
4	○	寄り倒し	浪錦
5	や		
6	●	寄り切り	秀風
7	や		
8	●	押し出し	玉城
9	や		
10	●	寄り倒し	千代昇
11	や		
12	○	寄り倒し	日吉藤
13	○	上手投げ	白富士
14	や		
15	や		

9月場所

西三段目99枚目
3勝4敗

日	勝敗	決まり手	対戦相手
1	や		
2	●	寄り切り	玉東
3	や		
4	●	下手投げ	貴王山
5	や		
6	○	上手投げ	大風
7	●	突き落とし	土橋
8	や		
9	や		
10	○	下手投げ	秀風
11	○	寄り倒し	石崎
12	や		
13	●	寄り切り	琴三浦
14	や		
15	や		

11月場所

西序二段19枚目
3勝4敗

日	勝敗	決まり手	対戦相手
1	●	小手投げ	石崎
2	や		
3	●	うっちゃり	松乃富士
4	や		
5	●	引き落とし	葉隠
6	や		
7	○	寄り切り	安芸旭
8	や		
9	○	上手投げ	宮城里
10	や		
11	●	寄り倒し	玉東
12	や		
13	や		
14	や		
15	○	寄り切り	相模富士

凡例
①優…優勝、殊…殊勲賞、敢…敢闘賞、技…技能賞。殊敢技の右下の数字は受賞回数
②平成9(1997)年9月場所までは「古川忍」、同年11月場所からは「若の里忍」
③平成23(2011)年は3月場所が開催されなかったため、同年5月場所は技量審査場所として開催

●平成5(1993)年

5月場所	3月場所	1月場所
東三段目 74 枚目 4 勝 3 敗	西序二段 8 枚目 5 勝 2 敗	東序二段 44 枚目 5 勝 2 敗
1 や	1 や	1 ○ 下手投げ 玉東
2 ● 寄り倒し 大輪	2 ○ 上手投げ 増田	2 や
3 ○ 下手投げ 玉城	3 ○ 突き落とし 春山	3 ● うっちゃり 小椋
4 や	4 や	4 や
5 や	5 や	5 や
6 ○ 突き落とし 房乃龍	6 ○ 掬い投げ 春日錦	6 ○ 上手投げ 東風
7 や	7 ○ 吊り出し 千代の国	7 ● 浴せ倒し 旭嵐山
8 ● 寄り倒し 姫ノ国	8 や	8 や
9 や	9 ● 上手投げ 桂富士	9 ○ 寄り切り 立山口
10 ○ 寄り切り 闘進力	10 や	10 や
11 ○ 押し出し 若疾風	11 や	11 ○ 寄り切り 琴川口
12 や	12 ● 上手投げ 上田	12 や
13 や	13 や	13 や
14 や	14 ○ 吊り出し 河井	14 や
15 ● 下手投げ 千代岬	15 や	15 ○ 上手投げ 高見新
183.7cm 112.7kg		

11月場所	9月場所	7月場所
西三段目 39 枚目 3 勝 4 敗	東三段目 67 枚目 5 勝 2 敗	西三段目 52 枚目 3 勝 4 敗
1 ○ 掬い投げ 鶴ノ森	1 ● 引き落とし 高見昇	1 ● 上手投げ 高見錦
2 や	2 や	2 や
3 や	3 や	3 や
4 ● 切り返し 千代大海	4 ○ 寄り切り 前豊	4 ○ 寄り切り 琴九州若
5 や	5 や	5 ● 下手出し投げ 鶴ノ森
6 ○ 寄り切り 富士虎	6 ● 突き出し 白富士	6 や
7 や	7 や	7 や
8 ● 寄り倒し 翼富士	8 ○ 上手投げ 雷王	8 ○ 吊り出し 闘進力
9 ○ 上手投げ 琴豊永	9 ○ 寄り切り 琴九州若	9 や
10 や	10 や	10 ● 上手投げ 津軽富士
11 ● 上手投げ 大喜	11 ○ 上手投げ 虎鮫龍	11 ● 小手投げ 龍鳳
12 や	12 や	12 や
13 ● 寄り倒し 松の谷	13 や	13 や
14 や	14 や	14 や
15 や	15 ○ 寄り切り 岩海	15 □ 不戦勝 玉城

5月場所
西三段目62枚目
5勝2敗

1	○	寄り切り	岸本
2	や		
3	や		
4	○	上手投げ	琴豊永
5	●	外掛け	春日錦
6	や		
7	や		
8	○	寄り切り	琴梅野
9	○	上手投げ	福原
10	や		
11	や		
12	○	寄り切り	黄金富士
13	や		
14	●	押し出し	甘木富士
15	や		

185.0cm　122.0kg

3月場所
西三段目42枚目
3勝4敗

1	○	上手投げ	将風
2	や		
3	●	掬い投げ	長井
4	や		
5	や		
6	●	掬い投げ	貴ノ昇
7	●	掬い投げ	若剛志
8	や		
9	○	下手投げ	虎伏山
10	や		
11	や		
12	○	寄り切り	常の富士
13	や		
14	●	上手投げ	石出
15	や		

1月場所
西三段目56枚目
4勝3敗

1	○	上手投げ	大風
2	や		
3	●	二丁投げ	常の富士
4	や		
5	●	押し出し	時豊
6	や		
7	○	寄り切り	若玉手
8	や		
9	や		
10	○	寄り切り	津軽富士
11	や		
12	●	寄り切り	出羽ノ富士
13	○	寄り切り	坂口
14	や		
15	や		

11月場所
西三段目25枚目
4勝3敗

1	○	下手投げ	魁盛
2	や		
3	●	叩き込み	玉城
4	や		
5	○	送り出し	万鋻雷
6	や		
7	○	掬い投げ	洪千龍
8	や		
9	や		
10	●	叩き込み	若工藤
11	●	送り倒し	福寿龍
12	や		
13	や		
14	○	掬い投げ	中渕
15	や		

9月場所
西三段目52枚目
5勝2敗

1	●	突き落とし	戦進龍
2	や		
3	や		
4	○	寄り切り	陽岩
5	○	肩透かし	栃清水
6	や		
7	や		
8	○	突き出し	咬ノ龍
9	○	突き出し	玄州
10	や		
11	○	押し出し	東乃垓
12	や		
13	や		
14	や		
15	●	寄り切り	上田

7月場所
東三段目31枚目
3勝4敗

1	●	下手投げ	上田
2	や		
3	○	寄り切り	龍風
4	や		
5	○	寄り切り	十文字
6	や		
7	●	寄り倒し	東秀
8	や		
9	や		
10	●	浴せ倒し	黒岩
11	や		
12	●	上手投げ	高見昇
13	○	寄り切り	雷王
14	や		
15	や		

●平成7(1995)年

5月場所

西三段目37枚目
6勝1敗

1	○	寄り倒し	旭　光
2	や		
3	○	掬い投げ	心　志
4	や		
5	や		
6	○	押し出し	旭晃山
7	や		
8	○	寄り切り	旭竜山
9	●	小手投げ	若工藤
10	や		
11	○	押し倒し	琴石井
12	や		
13	○	上手投げ	昴
14	や		
15	や		

182.0cm　132.0kg

3月場所

西三段目25枚目
3勝4敗

1	や		
2	○	寄り切り	琴雲龍
3	●	寄り切り	藤ノ花
4	や		
5	や		
6	●	送り出し	栃ノ荒
7	●	引き落とし	若工藤
8	や		
9	●	寄り切り	剣　岳
10	や		
11	○	掬い投げ	芳　王
12	や		
13	や		
14	○	寄り切り	羽黒郷
15	や		

1月場所

西三段目12枚目
3勝4敗

1	や		
2	○	寄り切り	東　秀
3	や		
4	●	押し出し	大飛龍
5	や		
6	●	寄り切り	洪千龍
7	や		
8	○	寄り切り	川　口
9	や		
10	●	外掛け	石　崎
11	や		
12	○	小手投げ	栃ノ荒
13	●	突き落とし	黒　岩
14	や		
15	や		

11月場所

西幕下60枚目
4勝3敗

1	○	寄り切り	秀ノ海
2	や		
3	や		
4	●	寄り倒し	出羽ノ富士
5	○	寄り切り	巴富士
6	や		
7	や		
8	○	河津掛け	土　橋
9	や		
10	○	突き倒し	安芸の國
11	●	叩き込み	玄界浪
12	や		
13	●	寄り倒し	将　風
14	や		
15	や		

9月場所

東幕下46枚目
3勝4敗

1	●	叩き込み	秀ノ海
2	や		
3	や		
4	○	上手投げ	房　風
5	●	上手投げ	駒不動
6	や		
7	○	掬い投げ	魁　盛
8	や		
9	や		
10	●	押し出し	嵐
11	○	寄り切り	出羽の郷
12	や		
13	や		
14	●	上手投げ	広瀬山
15	や		

7月場所

東幕下57枚目
4勝3敗

1	や		
2	○	押し出し	松の谷
3	●	寄り切り	立　洸
4	や		
5	や		
6	○	掬い投げ	万壑雷
7	や		
8	●	寄り倒し	千代の灘
9	や		
10	●	叩き込み	雪の海
11	や		
12	○	吊り出し	栃ノ荒
13	○	上手投げ	若道山
14	や		
15	や		

5月場所	3月場所	1月場所
西幕下30枚目 3勝4敗	西幕下40枚目 4勝3敗	東幕下51枚目 4勝3敗
1 ● 下手投げ 時津海	1 や	1 ○ 押し出し 栃ノ山
2 や	2 ● 叩き込み 星誕期	2 や
3 や	3 ○ 掬い投げ 鶴賀	3 や
4 ○ 上手投げ 岡本	4 や	4 ○ 寄り切り 若八嶋
5 ● 寄り切り 大伸暉	5 や	5 や
6 や	6 ● 叩き込み 高瀬山	6 ● 寄り切り 中尾
7 や	7 ○ 上手投げ 若八嶋	7 ○ 押し出し 大飛龍
8 ○ 叩き込み 清の富士	8 や	8 や
9 や	9 ○ 叩き込み 中尾	9 ○ 上手投げ 甘木富士
10 ○ 吊り出し 楠の里	10 や	10 や
11 や	11 ○ 叩き込み 大飛龍	11 ● 突き落とし 後藤
12 ● 下手投げ 昴	12 や	12 や
13 や	13 や	13 ● 寄り切り 巴富士
14 や	14 ● 下手投げ 安芸ノ州	14 や
15 ● 寄り切り 貴ノ昇	15 や	15 や
182.5cm 138.5kg		

11月場所	9月場所	7月場所
西幕下14枚目 3勝4敗	東幕下22枚目 4勝3敗	西幕下39枚目 5勝2敗
1 や	1 や	1 や
2 ○ 突き落とし 琴藤本	2 ○ 寄り切り 荒馬	2 ○ 寄り倒し 夏堀
3 や	3 や	3 や
4 ○ 寄り切り 栃天晃	4 ● 押し出し 鈴木	4 ● 寄り倒し 貴乃洸
5 ○ 上手投げ 大竜	5 ○ 押し出し 山田	5 ○ 上手投げ 中野山
6 や	6 や	6 や
7 や	7 や	7 や
8 ● 下手出し投げ 大日ノ出	8 ○ 突き出し 闘牙	8 ● 肩透かし 福の隆
9 や	9 や	9 や
10 ● 寄り切り 巴富士	10 ● 送り倒し 大湊	10 ○ 下手投げ 甲錦
11 や	11 ● 寄り切り 増健	11 や
12 ● 寄り倒し 立洸	12 や	12 ○ 突き倒し 土橋
13 や	13 ○ 押し出し 貴乃洸	13 や
14 や	14 や	14 や
15 ● 寄り倒し 熊谷	15 や	15 ○ 押し出し 星安出寿

●平成9(1997)年

1月場所

東幕下22枚目
6勝1敗

1	や		
2	○	下手投げ	千代の翔
3	○	押し出し	重ノ海
4	や		
5	○	寄り切り	貴乃洸
6	や		
7	や		
8	○	寄り切り	琴藤本
9	や		
10	○	押し出し	星誕期
11	や		
12	○	上手投げ	熊谷
13	●	寄り倒し	大喜
14	や		
15	や		

3月場所

東幕下8枚目 優
6勝1敗

1	や		
2	○	押し倒し	千代の若
3	や		
4	○	押し出し	琴藤本
5	や		
6	○	掬い投げ	金親
7	○	掬い投げ	巴富士
8	や		
9	○	寄り倒し	大碇
10	や		
11	や		
12	○	押し出し	出羽ノ富士
13	●	吊り出し	旭天鵬
14	や		
15	や		
決	○	押し出し	琴の峰
決	○	掬い投げ	熊谷
決	○	寄り切り	玉力道

5月場所

西幕下筆頭
3勝4敗

1	●	寄り切り	闘牙
2	や		
3	や		
4	○	突き落とし	彩豪
5	●	叩き込み	琴ヶ梅
6	や		
7	●	寄り倒し	和歌乃山
8	や		
9	○	寄り切り	国東
10	や		
11	○	押し出し	千代天山
12	●	送り倒し	海鵬
13	や		
14	や		
15	や		

182.5cm 138.5kg

7月場所

東幕下5枚目
4勝3敗

1	○	寄り切り	嵐
2	や		
3	●	寄り切り	嶋の龍
4	や		
5	○	引き落とし	増健
6	や		
7	●	下手投げ	琴冠佑
8	や		
9	●	押し出し	清の富士
10	や		
11	○	押し出し	星誕期
12	や		
13	や		
14	○	上手投げ	富風
15	や		

9月場所

東幕下3枚目
5勝2敗

1	○	突き落とし	若隼人
2	や		
3	○	掬い投げ	鈴木
4	や		
5	○	寄り切り	嵐
6	や		
7	●	寄り切り	北勝光
8	○	寄り切り	金親
9	や		
10	や		
11	○	寄り切り	立洸
12	や		
13	や		
14	や		
15	●	寄り倒し	出羽嵐

11月場所

東十両12枚目 優
10勝5敗

1	○	押し出し	闘牙
2	○	押し出し	大至
3	○	押し倒し	大日ノ出
4	○	寄り切り	大善
5	○	寄り切り	旭里
6	○	寄り切り	彩豪
7	●	下手投げ	海鵬
8	●	押し出し	豊ノ海
9	●	掬い投げ	三杉里
10	○	押し倒し	嵐
11	●	突き落とし	須佐の湖
12	○	下手投げ	千代天山
13	○	寄り切り	皇司
14	●	肩透かし	五城楼
15	○	押し出し	旭天鵬
決	○	叩き込み	須佐の湖

1月場所

西十両5枚目
11勝4敗

1	○	押し出し	前進山
2	●	押し倒し	海鵬
3	○	寄り倒し	時津海
4	○	寄り切り	小城乃花
5	○	叩き込み	大至
6	○	寄り切り	闘牙
7	○	寄り切り	金開山
8	○	寄り切り	大翔鳳
9	○	寄り切り	若隼人
10	○	掬い投げ	出羽嵐
11	○	寄り切り	階ヶ嶽
12	●	叩き込み	朝乃翔
13	○	寄り切り	大飛翔
14	●	引き落とし	皇司
15	●	掬い投げ	大善

3月場所

東十両筆頭
9勝6敗

1	○	押し出し	海鵬
2	○	掬い投げ	金開山
3	○	掬い投げ	時津洋
4	●	叩き込み	三杉里
5	○	突き落とし	出羽嵐
6	●	突き落とし	朝乃若
7	●	突き出し	闘牙
8	●	寄り切り	久島海
9	○	押し出し	大善
10	○	突き出し	前進山
11	○	寄り切り	千代天山
12	○	寄り切り	時津海
13	●	押し出し	大翔鳳
14	○	寄り切り	肥後ノ海
15	●	下手捻り	智乃花

5月場所

西前頭15枚目 (敢)
10勝5敗

1	●	叩き込み	闘牙
2	○	押し出し	舞の海
3	●	押し出し	寺尾
4	○	押し出し	安芸ノ州
5	●	寄り倒し	出島
6	●	押し倒し	朝乃若
7	○	寄り切り	北勝鬨
8	○	寄り切り	旭鷲山
9	○	押し倒し	朝乃翔
10	○	寄り切り	若ノ城
11	○	寄り切り	水戸泉
12	●	引き落とし	巌雄
13	○	掬い投げ	旭天鵬
14	○	寄り切り	海鵬
15	○	寄り切り	濱ノ嶋

185.0cm　158.0kg

7月場所

東前頭11枚目
9勝6敗

1	○	寄り切り	玉春日
2	○	押し出し	湊富士
3	○	寄り切り	琴稲妻
4	●	上手投げ	琴の若
5	○	寄り切り	旭豊
6	○	寄り切り	琴龍
7	●	肩透かし	朝乃若
8	●	寄り切り	土佐ノ海
9	●	引き落とし	蒼樹山
10	○	寄り切り	肥後ノ海
11	●	上手投げ	旭鷲山
12	○	寄り切り	朝乃翔
13	●	押し出し	金開山
14	○	押し出し	水戸泉
15	○	寄り切り	濱ノ嶋

9月場所

西前頭4枚目
6勝9敗

1	○	寄り切り	旭鷲山
2	●	突き落とし	栃乃洋
3	○	押し出し	武双山
4	○	寄り切り	琴龍
5	○	寄り倒し	旭豊
6	●	押し倒し	魁皇
7	●	上手投げ	琴乃若
8	●	突き落とし	若乃花
9	○	寄り切り	武蔵丸
10	●	上手投げ	貴乃花
11	○	寄り切り	貴闘力
12	●	寄り切り	貴ノ浪
13	●	押し倒し	出島
14	●	突き出し	千代大海
15	●	押し出し	栃東

11月場所

東前頭6枚目
7勝7敗1休

1	○	寄り切り	安芸乃島
2	○	浴せ倒し	旭豊
3	●	叩き込み	玉春日
4	○	押し出し	朝乃翔
5	●	掬い投げ	魁皇
6	●	押し倒し	土佐ノ海
7	○	寄り切り	琴龍
8	○	寄り切り	栃乃洋
9	●	寄り切り	琴錦
10	●	寄り切り	貴乃花
11	○	吊り出し	若乃花
12	○	寄り切り	寺尾
13	●	押し倒し	武双山
14	■	不戦敗	琴乃若
15	や		

金星(若乃花)

●平成11(1999)年

1月場所

西前頭6枚目

休場

3月場所

西前頭6枚目
5勝10敗

1	●	寄り切り	雅山
2	○	突き落とし	玉春日
3	●	掬い投げ	千代天山
4	●	突き落とし	湊富士
5	●	突き落とし	肥後ノ海
6	●	上手出し投げ	水戸泉
7	○	寄り切り	巌雄
8	●	上手投げ	小城錦
9	○	小手投げ	寺尾
10	○	掬い投げ	敷島
11	●	押し出し	土佐ノ海
12	●	突き落とし	貴闘力
13	○	小手投げ	濱ノ嶋
14	●	引き落とし	朝乃若
15	●	押し倒し	闘牙

185.0cm・155.5kg

5月場所

西前頭10枚目 技
11勝4敗

1	○	寄り倒し	海鵬
2	●	突き倒し	闘牙
3	○	押し出し	朝乃翔
4	●	上手投げ	湊富士
5	○	掬い投げ	巌雄
6	○	寄り切り	小城錦
7	○	寄り切り	若ノ城
8	○	上手投げ	栃乃和歌
9	○	寄り切り	時津海
10	○	押し出し	肥後ノ海
11	○	突き落とし	琴錦
12	○	寄り切り	旭天鵬
13	○	送り出し	出島
14	●	掬い投げ	武蔵丸
15	●	突き落とし	栃東

7月場所

東前頭2枚目
4勝11敗

1	●	寄り切り	貴乃花
2	●	極め出し	貴ノ浪
3	●	押し倒し	曙
4	●	押し倒し	武蔵丸
5	●	上手投げ	千代大海
6	●	浴せ倒し	安芸乃島
7	○	寄り切り	貴闘力
8	●	押し出し	出島
9	●	首投げ	千代天山
10	●	押し倒し	闘牙
11	●	寄り切り	土佐ノ海
12	○	寄り倒し	肥後ノ海
13	○	寄り切り	若ノ城
14	●	極め出し	旭鷲山
15	○	寄り切り	濱ノ嶋

9月場所

西前頭6枚目
6勝9敗

1	○	押し出し	貴闘力
2	●	叩き込み	寺尾
3	○	寄り切り	栃乃洋
4	●	寄り切り	琴ノ若
5	○	寄り切り	敷島
6	●	掬い投げ	雅山
7	●	突き落とし	安芸乃島
8	●	突き落とし	湊富士
9	●	突き出し	蒼樹山
10	○	掬い投げ	巌雄
11	●	送り出し	朝乃翔
12	○	送り出し	時津海
13	○	寄り倒し	海鵬
14	●	叩き込み	旭天鵬
15	●	叩き込み	闘牙

11月場所

西前頭9枚目
5勝7敗3休

1	○	突き落とし	朝乃若
2	●	突き落とし	肥後ノ海
3	●	突き落とし	皇司
4	○	下手投げ	千代天山
5	○	寄り切り	和歌乃山
6	●	叩き込み	海鵬
7	○	突き落とし	大日ノ出
8	●	上手投げ	琴龍
9	○	下手投げ	闘牙
10	●	上手投げ	敷島
11	●	上手捻り	時津海
12	■	不戦敗	琴ノ若
13	や		
14	や		
15	や		

5月場所

東十両11枚目 (優)
12勝3敗

1	○	寄り切り	豊桜
2	○	寄り倒し	泉州山
3	○	下手投げ	玉ノ国
4	○	掬い投げ	武雄山
5	○	押し倒し	栃栄
6	○	寄り倒し	大日ノ出
7	○	寄り切り	若光翔
8	●	寄り倒し	玉ノ洋
9	○	寄り切り	高見盛
10	○	突き落とし	燁司
11	○	切り返し	皇司
12	●	引き落とし	大至
13	○	寄り切り	安美錦
14	●	押し出し	大碇
15	○	押し出し	智乃花

3月場所

西前頭14枚目

休場

184.5cm　151.5kg

1月場所

西前頭14枚目

休場

11月場所

西小結 (殊)
9勝6敗

1	●	突き落とし	千代大海
2	●	突き落とし	武双山
3	○	叩き込み	曙
4	●	寄り倒し	貴乃花
5	●	寄り切り	武蔵丸
6	●	寄り切り	栃乃花
7	●	押し出し	魁皇
8	○	寄り倒し	貴ノ浪
9	○	寄り倒し	雅山
10	○	上手投げ	濱ノ嶋
11	○	寄り切り	栃栄
12	○	寄り切り	安芸乃島
13	○	掬い投げ	栃乃洋
14	○	寄り切り	出島
15	○	掬い投げ	海鵬

9月場所

西前頭10枚目 (敢)2
11勝4敗

1	○	上手投げ	時津海
2	●	寄り倒し	栃乃花
3	○	上手投げ	高見盛
4	○	掬い投げ	湊富士
5	○	掬い投げ	皇司
6	○	寄り倒し	玉春日
7	●	肩透かし	旭鷲山
8	○	押し倒し	栃栄
9	○	上手投げ	濱ノ嶋
10	●	突き落とし	琴ノ若
11	○	寄り切り	安美錦
12	○	寄り倒し	肥後ノ海
13	●	寄り切り	追風海
14	○	上手投げ	武双山
15	○	上手出し投げ	海鵬

7月場所

東十両筆頭 (優)
13勝2敗

1	○	寄り切り	琴錦
2	●	腰砕け	大至
3	○	押し出し	寺尾
4	○	寄り切り	十文字
5	○	寄り切り	玉ノ洋
6	○	肩透かし	燁司
7	○	小手投げ	琴光喜
8	○	突き出し	大碇
9	○	寄り切り	玉力道
10	●	押し出し	栃栄
11	○	寄り倒し	若光翔
12	○	押し倒し	玉ノ国
13	○	送り出し	五城楼
14	○	掬い投げ	濵錦
15	○	寄り切り	琴岩国

●平成13(2001)年

1月場所

東関脇
10勝5敗 殊2

1	○	下手投げ	魁皇
2	●	押し出し	雅山
3	○	突き落とし	和歌乃山
4	○	寄り切り	貴ノ浪
5	○	突き出し	栃栄
6	●	寄り切り	栃乃洋
7	○	小手投げ	琴光喜
8	●	寄り切り	貴乃花
9	○	掬い投げ	安芸乃島
10	●	上手出し投げ	栃東
11	○	寄り切り	琴ノ若
12	○	上手投げ	出島
13	○	素首落とし	武蔵丸
14	●	上手投げ	武双山
15	○	小手投げ	琴龍

3月場所

東関脇
6勝9敗

1	○	寄り切り	貴ノ浪
2	●	寄り倒し	武蔵丸
3	○	寄り切り	琴龍
4	○	掬い投げ	栃東
5	●	突き落とし	栃乃洋
6	○	寄り切り	和歌乃山
7	●	上手投げ	魁皇
8	●	叩き込み	貴乃花
9	●	寄り倒し	琴光喜
10	●	足取り	追風海
11	○	押し出し	旭天鵬
12	○	上手投げ	千代天山
13	●	押し出し	出島
14	●	寄り切り	武双山
15	●	寄り切り	雅山

184.0cm 156.0kg

5月場所

東前頭筆頭
8勝7敗

1	○	寄り切り	武双山
2	○	下手投げ	栃乃洋
3	○	上手投げ	出島
4	●	押し出し	武蔵丸
5	●	押し倒し	貴乃花
6	○	下手投げ	魁皇
7	○	寄り切り	貴ノ浪
8	●	引き落とし	雅山
9	●	突き出し	千代大海
10	○	突き落とし	栃東
11	●	上手出し投げ	皇司
12	○	引き落とし	朝青龍
13	●	叩き込み	闘牙
14	●	押し出し	琴光喜
15	○	上手出し投げ	安美錦

7月場所

西小結
9勝6敗 殊3

1	○	押し出し	千代大海
2	○	寄り切り	雅山
3	○	押し出し	闘牙
4	●	小手投げ	魁皇
5	○	叩き込み	栃東
6	○	寄り切り	琴光喜
7	○	掬い投げ	土佐ノ海
8	○	上手投げ	肥後ノ海
9	○	叩き込み	栃乃洋
10	●	寄り切り	朝青龍
11	○	掬い投げ	武蔵丸
12	●	寄り切り	琴ノ若
13	●	寄り倒し	武双山
14	●	叩き込み	旭鷲山
15	●	上手投げ	玉乃島

9月場所

東小結
7勝8敗

1	○	寄り切り	魁皇
2	○	突き落とし	土佐ノ海
3	●	寄り切り	栃東
4	●	叩き込み	琴ノ若
5	○	上手投げ	玉春日
6	●	寄り切り	千代大海
7	●	押し出し	玉乃島
8	○	寄り切り	出島
9	●	叩き込み	朝青龍
10	○	上手投げ	時津海
11	●	寄り切り	琴光喜
12	●	掬い投げ	海鵬
13	○	掬い投げ	貴ノ浪
14	●	送り出し	武蔵丸
15	○	突き落とし	武双山

11月場所

東前頭筆頭
10勝5敗 敢3

1	●	叩き込み	武双山
2	●	掬い投げ	海鵬
3	●	寄り切り	栃東
4	●	寄り切り	武蔵丸
5	○	引き落とし	朝青龍
6	●	寄り切り	魁皇
7	○	突き落とし	琴光喜
8	○	寄り切り	玉乃島
9	○	突き落とし	土佐ノ海
10	○	上手投げ	時津海
11	○	叩き込み	出島
12	○	押し出し	旭鷲山
13	○	寄り切り	貴ノ浪
14	○	寄り切り	琴ノ若
15	○	寄り切り	栃乃洋

1月場所

東小結
8勝7敗

1	○	寄り切り	武蔵丸
2	○	寄り切り	魁皇
3	●	叩き込み	千代大海
4	○	寄り切り	玉乃島
5	○	掬い投げ	海鵬
6	●	寄り倒し	琴光喜
7	○	上手投げ	安芸乃島
8	●	寄り切り	栃東
9	●	外掛け	朝青龍
10	○	寄り切り	旭天鵬
11	●	寄り倒し	武双山
12	●	上手投げ	旭鷲山
13	●	叩き込み	貴ノ浪
14	○	寄り倒し	栃乃洋
15	○	寄り切り	琴ノ若

3月場所

東小結
9勝6敗

1	●	寄り倒し	栃東
2	●	小手投げ	千代大海
3	○	寄り切り	朝青龍
4	●	掬い投げ	栃乃洋
5	○	寄り切り	琴ノ若
6	○	小手投げ	琴光喜
7	○	引き落とし	魁皇
8	●	寄り切り	武蔵丸
9	●	小手投げ	貴ノ浪
10	○	突き落とし	土佐ノ海
11	○	寄り切り	旭鷲山
12	○	寄り切り	旭天鵬
13	○	押し出し	闘牙
14	●	寄り倒し	武双山
15	○	叩き込み	安美錦

184.5cm　152.0kg

5月場所

東小結
8勝7敗

1	●	突き落とし	武蔵丸
2	○	押し倒し	雅山
3	●	突き落とし	栃東
4	○	寄り切り	安美錦
5	●	押し出し	千代大海
6	○	寄り切り	栃乃洋
7	○	寄り切り	闘牙
8	●	寄り切り	朝青龍
9	○	寄り切り	魁皇
10	●	押し出し	武双山
11	○	寄り倒し	出島
12	○	寄り切り	高見盛
13	○	上手投げ	土佐ノ海
14	●	寄り切り	琴龍
15	●	寄り切り	琴ノ若

7月場所

西関脇
11勝4敗

1	●	押し出し	出島
2	○	寄り切り	海鵬
3	○	寄り切り	琴ノ若
4	○	寄り切り	旭鷲山
5	●	掬い投げ	高見盛
6	○	上手投げ	栃乃洋
7	○	寄り切り	雅山
8	○	上手投げ	土佐ノ海
9	○	掬い投げ	安美錦
10	○	上手出し投げ	北勝力
11	●	押し出し	千代大海
12	○	叩き込み	武蔵丸
13	○	掬い投げ	貴ノ浪
14	●	寄り倒し	琴光喜
15	○	突き落とし	朝青龍

9月場所

東関脇
8勝7敗

1	○	押し出し	闘牙
2	○	押し出し	栃栄
3	●	寄り倒し	雅山
4	○	寄り切り	高見盛
5	○	寄り切り	貴ノ浪
6	○	引き落とし	栃乃洋
7	●	押し出し	武蔵丸
8	●	寄り切り	貴乃花
9	●	上手投げ	千代大海
10	○	寄り切り	旭天鵬
11	○	叩き込み	土佐ノ海
12	●	寄り切り	魁皇
13	○	寄り切り	朝青龍
14	●	突き落とし	武双山
15	●	寄り切り	琴光喜

11月場所

東関脇
7勝8敗

1	○	寄り切り	玉春日
2	●	極め出し	貴ノ浪
3	●	寄り切り	旭天鵬
4	●	押し出し	雅山
5	●	押し出し	北勝力
6	●	押し出し	土佐ノ海
7	○	寄り切り	玉乃島
8	○	押し出し	五城楼
9	●	上手投げ	栃東
10	○	押し出し	旭鷲山
11	○	掬い投げ	琴光喜
12	○	上手投げ	高見盛
13	●	外掛け	朝青龍
14	●	押し出し	武双山
15	○	送り出し	霜鳥

●平成15(2003)年

1月場所

西小結
11勝4敗 (敢)4

1	●	小手投げ	貴乃花
2	○	上手出し投げ	旭天鵬
3	○	寄り切り	栃東
4	○	上手出し投げ	琴ノ若
5	●	寄り倒し	琴光喜
6	○	寄り切り	武双山
7	○	押し出し	闘牙
8	○	押し出し	土佐ノ海
9	○	寄り切り	貴ノ浪
10	○	腰投げ	海鵬
11	○	上手投げ	時津海
12	○	寄り切り	高見盛
13	●	送り倒し	朝青龍
14	○	引き落とし	旭鷲山
15	●	押し出し	出島

3月場所

東関脇
9勝6敗

1	○	押し出し	霜鳥
2	○	上手投げ	栃乃洋
3	●	叩き込み	玉乃島
4	○	上手出し投げ	武双山
5	●	押し出し	和歌乃山
6	●	寄り切り	琴ノ若
7	●	寄り倒し	土佐ノ海
8	○	掬い投げ	琴光喜
9	○	寄り切り	旭天鵬
10	○	引き落とし	魁皇
11	○	寄り切り	千代大海
12	●	押し出し	朝青龍
13	○	寄り切り	貴ノ浪
14	●	寄り切り	高見盛
15	○	寄り切り	出島

185.5cm 153.3kg

5月場所

東関脇
9勝6敗

1	○	掬い投げ	貴ノ浪
2	○	寄り切り	琴ノ若
3	●	寄り切り	旭天鵬
4	○	下手出し投げ	土佐ノ海
5	□	不戦勝	琴光喜
6	○	寄り切り	旭鷲山
7	●	寄り切り	魁皇
8	○	押し倒し	千代大海
9	○	寄り切り	高見盛
10	●	掬い投げ	栃乃洋
11	●	寄り倒し	朝青龍
12	●	突き落とし	武双山
13	●	押し出し	雅山
14	○	叩き込み	出島
15	○	寄り切り	栃東

7月場所

東関脇
10勝5敗

1	○	掬い投げ	貴ノ浪
2	●	上手出し投げ	武双山
3	○	押し出し	闘牙
4	●	押し出し	栃乃洋
5	●	寄り切り	魁皇
6	●	突き落とし	雅山
7	○	突き落とし	千代大海
8	○	叩き込み	土佐ノ海
9	○	押し出し	旭鷲山
10	○	寄り切り	旭天鵬
11	○	押し出し	北勝力
12	○	寄り切り	琴龍
13	○	寄り切り	高見盛
14	●	外掛け	朝赤龍
15	○	押し出し	栃東

9月場所

東関脇
11勝4敗 (殊)4

1	○	上手投げ	北勝力
2	●	叩き込み	朝赤龍
3	●	引き落とし	闘牙
4	○	掬い投げ	琴龍
5	○	掬い投げ	土佐ノ海
6	○	押し出し	貴ノ浪
7	●	とったり	旭天鵬
8	○	寄り切り	高見盛
9	●	押し出し	千代大海
10	○	押し出し	栃東
11	○	押し出し	魁皇
12	○	上手投げ	朝青龍
13	○	寄り切り	栃乃洋
14	○	送り倒し	琴光喜
15	○	寄り切り	雅山

11月場所

東関脇
7勝8敗

1	○	寄り切り	安美錦
2	●	押し出し	栃東
3	●	寄り切り	玉乃島
4	●	下手投げ	高見盛
5	○	下手投げ	岩木山
6	○	寄り切り	魁皇
7	○	突き落とし	琴光喜
8	●	叩き込み	千代大海
9	●	引き落とし	闘牙
10	○	寄り倒し	栃乃洋
11	●	上手出し投げ	朝青龍
12	●	引き落とし	雅山
13	○	叩き込み	土佐ノ海
14	○	寄り切り	旭天鵬
15	●	小手投げ	武双山

1月場所

西小結
9勝6敗

1	○	寄り切り	栃東
2	○	押し出し	闘牙
3	●	押し出し	武双山
4	●	押し出し	朝青龍
5	○	寄り切り	魁皇
6	○	寄り切り	玉乃島
7	○	押し出し	北勝力
8	●	寄り切り	高見盛
9	●	押し倒し	千代大海
10	○	上手投げ	土佐ノ海
11	○	掬い投げ	岩木山
12	●	送り出し	旭鷲山
13	●	押し出し	琴光喜
14	○	寄り切り	栃乃洋
15	○	押し出し	垣添

3月場所

東関脇
8勝7敗

1	○	寄り倒し	出島
2	●	寄り切り	栃乃洋
3	○	寄り切り	玉乃島
4	○	吊り出し	霜鳥
5	○	掬い投げ	雅山
6	●	上手投げ	旭鷲山
7	●	寄り切り	魁皇
8	●	肩透かし	旭天鵬
9	●	寄り切り	垣添
10	○	寄り切り	武双山
11	●	押し出し	千代大海
12	●	上手出し投げ	朝青龍
13	○	寄り切り	時津海
14	○	掬い投げ	岩木山
15	○	下手投げ	朝赤龍

185.0cm　150.2kg

5月場所

東関脇
9勝6敗

1	○	押し出し	垣添
2	●	寄り切り	栃乃洋
3	○	吊り出し	出島
4	○	寄り切り	霜鳥
5	○	送り出し	琴光喜
6	○	押し倒し	雅山
7	○	掬い投げ	朝赤龍
8	○	寄り切り	北勝力
9	●	寄り切り	武双山
10	●	叩き込み	千代大海
11	○	叩き込み	魁皇
12	●	押し出し	朝青龍
13	●	下手投げ	時津海
14	●	寄り切り	玉乃島
15	○	押し出し	旭天鵬

7月場所

東関脇
8勝7敗

1	●	突き出し	黒海
2	○	寄り切り	岩木山
3	●	押し出し	栃東
4	○	寄り切り	旭鷲山
5	○	寄り切り	旭天鵬
6	○	寄り切り	琴光喜
7	○	寄り切り	琴龍
8	●	押し出し	千代大海
9	○	下手投げ	玉乃島
10	●	突き落とし	武双山
11	●	上手投げ	魁皇
12	○	叩き込み	朝青龍
13	●	寄り切り	霜鳥
14	○	寄り切り	出島
15	●	押し出し	北勝力

9月場所

東関脇
10勝5敗

1	○	下手投げ	玉乃島
2	●	下手出し投げ	栃乃洋
3	●	押し倒し	琴光喜
4	○	掬い投げ	朝赤龍
5	○	突き落とし	土佐ノ海
6	○	掬い投げ	霜鳥
7	○	寄り切り	旭天鵬
8	○	叩き込み	武双山
9	○	寄り切り	岩木山
10	●	寄り倒し	雅山
11	○	肩透かし	黒海
12	○	寄り倒し	白鵬
13	○	突き落とし	朝青龍
14	●	上手投げ	魁皇
15	●	叩き込み	千代大海

11月場所

東関脇
11勝4敗　㊕技 2

1	○	寄り切り	黒海
2	○	寄り倒し	出島
3	●	外掛け	琴光喜
4	○	小手投げ	垣添
5	○	突き落とし	白鵬
6	○	寄り切り	旭鷲山
7	○	寄り切り	岩木山
8	○	上手投げ	栃乃洋
9	○	寄り切り	玉乃島
10	○	寄り切り	旭天鵬
11	○	寄り切り	雅山
12	●	寄り切り	朝青龍
13	○	寄り切り	琴ノ若
14	●	上手出し投げ	魁皇
15	●	押し出し	千代大海

●平成17（2005）年

5月場所

西小結
6勝9敗

1	○	寄り切り	旭天鵬
2	○	突き落とし	栃東
3	●	下手投げ	栃乃洋
4	●	押し出し	魁皇
5	○	寄り切り	土佐ノ海
6	○	小手投げ	白鵬
7	●	叩き込み	千代大海
8	●	掬い投げ	朝青龍
9	●	寄り切り	露鵬
10	●	押し出し	黒海
11	○	寄り切り	玉乃島
12	○	突き出し	雅山
13	●	上手投げ	琴欧州
14	●	寄り切り	岩木山
15	●	押し出し	琴光喜

3月場所

西前頭筆頭
8勝7敗

1	●	小手投げ	魁皇
2	●	外掛け	朝青龍
3	○	寄り切り	十文字
4	●	寄り切り	栃東
5	○	引き落とし	出島
6	●	寄り切り	千代大海
7	○	小手投げ	白鵬
8	○	上手投げ	雅山
9	●	押し出し	北勝力
10	○	押し出し	琴欧州
11	●	押し出し	岩木山
12	○	上手投げ	琴光喜
13	○	寄り切り	旭天鵬
14	●	押し出し	黒海
15	○	押し倒し	垣添

185.0cm　153.0kg

1月場所

東関脇
6勝9敗

1	○	押し出し	琴ノ若
2	○	掬い投げ	琴欧州
3	●	押し出し	垣添
4	●	上手出し投げ	栃東
5	●	寄り切り	岩木山
6	●	掬い投げ	黒海
7	○	寄り切り	白鵬
8	●	押し出し	土佐ノ海
9	○	寄り切り	雅山
10	○	送り倒し	琴光喜
11	○	寄り切り	高見盛
12	●	押し出し	栃乃洋
13	●	寄り切り	朝青龍
14	●	押し出し	千代大海
15	●	寄り切り	旭天鵬

11月場所

東前頭3枚目

休場

9月場所

西関脇
4勝3敗8休

1	○	突き落とし	出島
2	○	叩き込み	雅山
3	○	寄り切り	垣添
4	●	突き落とし	旭天鵬
5	○	掬い投げ	普天王
6	●	叩き込み	白鵬
7	■	不戦敗	黒海
8	や		
9	や		
10	や		
11	や		
12	や		
13	や		
14	や		
15	や		

7月場所

西前頭2枚目
11勝4敗

1	○	突き落とし	白鵬
2	●	上手投げ	出島
3	○	下手投げ	北勝力
4	○	掬い投げ	千代大海
5	○	叩き込み	土佐ノ海
6	○	掬い投げ	玉乃島
7	○	寄り切り	旭天鵬
8	○	押し出し	黒海
9	●	寄り切り	朝青龍
10	○	寄り切り	魁皇
11	○	押し出し	雅山
12	●	寄り切り	琴光喜
13	○	寄り切り	栃東
14	●	押し出し	普天王
15	○	引き落とし	琴欧州

5月場所

西前頭2枚目
6勝9敗

1	●	突き落とし	白鵬
2	○	引き落とし	朝青龍
3	○	掬い投げ	琴欧州
4	●	突き落とし	栃東
5	●	寄り切り	旭天鵬
6	●	上手投げ	旭鷲山
7	●	押し出し	琴光喜
8	●	寄り切り	魁皇
9	●	押し出し	千代大海
10	●	引き落とし	雅山
11	○	引き落とし	安馬
12	○	叩き込み	垣添
13	○	引き落とし	豪風
14	○	押し出し	安美錦
15	●	突き落とし	時天空

金星(朝青龍)

3月場所

東前頭11枚目
11勝4敗

1	○	寄り切り	豊ノ島
2	○	掬い投げ	栃乃花
3	○	下手投げ	春日錦
4	○	押し出し	白露山
5	●	突き落とし	皇司
6	○	叩き込み	豊桜
7	○	寄り切り	高見盛
8	○	上手投げ	北桜
9	●	肩透かし	時天空
10	○	寄り倒し	旭天鵬
11	○	寄り切り	嘉風
12	○	引き落とし	豪風
13	●	叩き込み	玉春日
14	●	寄り切り	白鵬
15	○	寄り切り	旭鷲山

184.5cm 154.8kg

1月場所

東前頭16枚目
10勝5敗

1	○	押し倒し	若兎馬
2	○	上手投げ	片山
3	○	叩き込み	駿傑
4	●	寄り切り	時津海
5	○	押し出し	豊桜
6	●	押し出し	北桜
7	○	寄り切り	栃栄
8	●	上手捻り	春日王
9	●	寄り切り	普天王
10	○	突き落とし	高見盛
11	○	押し出し	旭鷲山
12	○	寄り切り	十文字
13	○	寄り切り	豊ノ島
14	○	掬い投げ	琴奨菊
15	●	押し出し	垣添

11月場所

東十両11枚目
10勝5敗

1	○	寄り切り	駿傑
2	○	押し倒し	旭南海
3	○	送り出し	北勝岩
4	●	突き落とし	須磨ノ富士
5	●	押し出し	若兎馬
6	○	寄り切り	大真鶴
7	○	押し出し	上林
8	●	寄り切り	栃煌山
9	○	渡し込み	将司
10	○	寄り切り	海鵬
11	○	押し出し	光法
12	○	寄り倒し	玉飛鳥
13	○	寄り切り	猛虎浪
14	●	寄り切り	豪栄道
15	●	上手投げ	十文字

9月場所

東前頭14枚目

休場

7月場所

東前頭6枚目
3勝2敗10休

1	○	寄り切り	出島
2	○	下手投げ	普天王
3	○	寄り切り	高見盛
4	●	小股掬い	安馬
5	■	不戦敗	土佐ノ海
6	や		
7	や		
8	や		
9	や		
10	や		
11	や		
12	や		
13	や		
14	や		
15	や		

●平成19(2007)年

5月場所

西前頭7枚目
10勝5敗

1	●	叩き込み	朝赤龍
2	○	押し出し	露鵬
3	●	上手投げ	鶴竜
4	●	押し倒し	豪風
5	○	突き落とし	春日王
6	●	突き落とし	出島
7	○	叩き込み	雅山
8	○	送り出し	皇司
9	●	突き倒し	北勝力
10	○	叩き込み	龍皇
11	○	上手投げ	玉春日
12	○	叩き込み	里山
13	○	突き落とし	栃乃洋
14	○	叩き込み	豊真将
15	○	送り出し	時天空

3月場所

東前頭16枚目
11勝4敗

1	○	小手投げ	栃乃花
2	○	上手投げ	寶智山
3	●	上手投げ	霜鳥
4	●	寄り切り	栃煌山
5	○	上手投げ	土佐ノ海
6	○	叩き込み	十文字
7	○	寄り切り	白露山
8	●	掬い投げ	時津海
9	○	上手投げ	潮丸
10	○	小手投げ	鶴竜
11	○	押し出し	岩木山
12	●	寄り切り	玉乃島
13	○	引き落とし	安美錦
14	○	押し出し	高見盛
15	○	叩き込み	黒海

184.0cm　153.8kg

1月場所

西十両4枚目
9勝6敗

1	●	寄り切り	寶智山
2	○	寄り切り	霜鳥
3	●	押し出し	栃煌山
4	○	吊り出し	玉力道
5	●	引き落とし	龍皇
6	○	叩き込み	北勝力
7	●	上手投げ	北桜
8	○	上手出し投げ	片山
9	●	寄り切り	海鵬
10	○	吊り出し	駿傑
11	○	押し出し	皇牙
12	○	叩き込み	栃栄
13	●	押し出し	豊響
14	○	送り倒し	豪栄道
15	○	突き出し	光龍

11月場所

東前頭8枚目
8勝7敗

1	○	掬い投げ	豊響
2	○	寄り切り	玉春日
3	○	寄り切り	普天王
4	○	押し出し	北勝力
5	●	送り出し	栃乃洋
6	○	寄り切り	玉乃島
7	●	寄り切り	若ノ鵬
8	○	押し出し	黒海
9	○	寄り切り	白露山
10	●	寄り切り	把瑠都
11	●	寄り切り	若麒麟
12	●	突き落とし	垣添
13	○	寄り切り	春日錦
14	●	叩き込み	露鵬
15	●	寄り切り	安馬

9月場所

西前頭4枚目
5勝10敗

1	●	寄り倒し	豊ノ島
2	●	寄り切り	琴奨菊
3	○	送り出し	海鵬
4	●	押し出し	豊響
5	●	叩き込み	琴光喜
6	●	寄り切り	豊真将
7	○	突き落とし	時津海
8	●	押し出し	千代大海
9	○	寄り切り	安美錦
10	●	押し出し	北勝力
11	○	寄り切り	出島
12	●	押し倒し	鶴竜
13	○	掬い投げ	琴欧洲
14	●	寄り切り	栃乃洋
15	●	叩き込み	時天空

7月場所

西前頭2枚目
5勝10敗

1	●	寄り倒し	琴光喜
2	●	寄り切り	朝青龍
3	●	とったり	白鵬
4	●	突き落とし	魁皇
5	●	寄り切り	千代大海
6	○	突き落とし	琴欧洲
7	●	寄り切り	安馬
8	○	寄り切り	安美錦
9	●	押し出し	豊真将
10	○	叩き込み	時天空
11	●	押し倒し	豪風
12	●	寄り切り	豊ノ島
13	○	下手投げ	玉乃島
14	○	寄り切り	琴奨菊
15	●	寄り切り	出島

1月場所

東前頭4枚目
7勝8敗

1	●	上手出し投げ	朝赤龍
2	●	叩き込み	露鵬
3	●	上手投げ	安美錦
4	○	掬い投げ	琴欧洲
5	○	寄り切り	把瑠都
6	●	首投げ	豪風
7	○	押し出し	玉春日
8	●	寄り切り	時天空
9	●	小手投げ	白鵬
10	●	寄り切り	朝青龍
11	●	寄り倒し	琴光喜
12	○	寄り倒し	豊響
13	○	下手投げ	出島
14	○	寄り切り	豊真将
15	○	掬い投げ	岩木山

3月場所

東前頭5枚目
5勝10敗

1	●	叩き込み	黒海
2	●	寄り切り	若ノ鵬
3	○	寄り切り	時天空
4	●	突き落とし	旭天鵬
5	●	寄り切り	把瑠都
6	○	寄り切り	露鵬
7	●	押し出し	出島
8	●	下手出し投げ	豪栄道
9	○	掬い投げ	安美錦
10	●	寄り切り	豊ノ島
11	●	寄り切り	鶴竜
12	●	寄り切り	栃乃洋
13	●	引き落とし	嘉風
14	○	寄り切り	岩木山
15	○	突き落とし	豪風

185.0cm　156.3kg

5月場所

西前頭10枚目
10勝5敗

1	●	押し出し	出島
2	○	寄り切り	豊真将
3	○	寄り切り	露鵬
4	●	下手投げ	春日王
5	○	寄り切り	栃ノ心
6	●	押し出し	豪風
7	○	上手投げ	白馬
8	○	寄り切り	白露山
9	○	寄り切り	高見盛
10	●	叩き込み	北勝力
11	●	突き落とし	垣添
12	○	寄り切り	豊ノ島
13	○	寄り切り	岩木山
14	○	寄り切り	土佐ノ海
15	○	掬い投げ	琴春日

7月場所

東前頭4枚目
5勝10敗

1	○	寄り倒し	豪栄道
2	○	寄り切り	雅山
3	●	押し出し	安馬
4	○	寄り切り	若ノ鵬
5	●	腕捻り	把瑠都
6	□	不戦勝	朝青龍
7	●	外掛け	安美錦
8	●	引き落とし	琴光喜
9	●	上手投げ	白鵬
10	●	押し出し	琴欧洲
11	○	突き落とし	鶴竜
12	●	送り出し	魁皇
13	●	寄り切り	琴奨菊
14	●	押し出し	千代大海
15	●	押し出し	豪風

9月場所

西前頭9枚目
9勝6敗

1	○	引き落とし	栃ノ心
2	●	寄り切り	普天王
3	●	押し出し	時天空
4	○	寄り切り	玉乃島
5	●	寄り切り	豪栄道
6	○	寄り倒し	豊響
7	○	上手投げ	木村山
8	○	寄り切り	北太樹
9	○	押し出し	豪風
10	●	引き落とし	嘉風
11	○	押し出し	鶴竜
12	○	引き落とし	黒海
13	●	押し出し	垣添
14	●	寄り切り	出島
15	○	掬い投げ	高見盛

11月場所

西前頭2枚目
6勝9敗

1	○	寄り倒し	琴欧洲
2	○	寄り切り	琴光喜
3	○	押し倒し	魁皇
4	●	寄り切り	白鵬
5	●	上手投げ	把瑠都
6	●	押し出し	千代大海
7	○	上手投げ	安美錦
8	●	寄り切り	琴奨菊
9	●	寄り切り	普天王
10	●	寄り切り	安馬
11	●	引き落とし	北勝力
12	○	寄り切り	豪栄道
13	○	肩透かし	朝赤龍
14	●	寄り切り	豊ノ島
15	●	首投げ	豪風

●平成21(2009)年

5月場所	3月場所	1月場所
西前頭7枚目	東前頭5枚目 6勝6敗3休	東前頭4枚目 7勝8敗
休場	1 ● 叩き込み 嘉風	1 ● 寄り切り 豪栄道
	2 ○ 寄り切り 豪風	2 ● 送り出し 普天王
	3 ○ 寄り切り 豊真将	3 ● 送り出し 豪風
	4 ○ 寄り切り 時天空	4 ○ 掬い投げ 黒海
	5 ● 寄り切り 出島	5 ○ 叩き込み 琴光喜
	6 ● 寄り切り 安美錦	6 ● 押し出し 嘉風
	7 ● 小手投げ 玉乃島	7 ○ 押し出し 武州山
	8 ○ 送り出し 栃乃洋	8 ○ 肩透かし 阿覧
	9 ● 押し出し 豊ノ島	9 ● 寄り切り 琴欧洲
	10 ○ 寄り切り 高見盛	10 ● 寄り切り 琴奨菊
	11 ○ 突き落とし 琴奨菊	11 ● 寄り切り 出島
	12 ■ 不戦敗 普天王	12 ● 押し出し 雅山
	13 や	13 ○ 寄り切り 高見盛
	14 や	14 ○ 下手投げ 朝赤龍
	15 や	15 ○ 叩き込み 土佐ノ海
	185.0cm 163.3kg	

11月場所	9月場所	7月場所
東前頭6枚目 7勝8敗	西前頭13枚目 10勝5敗	西十両6枚目 14勝1敗 優
1 ● 押し倒し 垣添	1 ● 叩き込み 黒海	1 ○ 押し出し 旭南海
2 ○ 押し出し 玉乃島	2 ○ 送り出し 北勝力	2 ○ 寄り切り 木村山
3 ○ 送り出し 豊ノ島	3 ○ 叩き込み 普天王	3 ● 小手投げ 徳瀬川
4 ● 寄り切り 武州山	4 ○ 小手投げ 春日王	4 ○ 小手投げ 海鵬
5 ○ 寄り切り 岩木山	5 ○ 肩透かし 武州山	5 ○ 押し出し 琴春日
6 ● 押し出し 北勝力	6 ● つき手 土佐豊	6 ○ 寄り切り 白馬
7 ● 引き落とし 栃ノ心	7 ● 叩き込み 嘉風	7 ○ 掬い投げ 光龍
8 ● 寄り切り 豊真将	8 ○ 寄り切り 高見盛	8 ○ 寄り倒し 大翔湖
9 ● 押し出し 嘉風	9 ○ 寄り切り 将司	9 ○ 寄り切り 若天狼
10 ○ 上手投げ 阿覧	10 ○ 掬い投げ 岩木山	10 ○ 寄り切り 玉飛鳥
11 ● 寄り切り 旭天鵬	11 ○ 押し出し 栃乃洋	11 ○ 上手投げ 北太樹
12 ● 上手投げ 黒海	12 ○ 叩き込み 垣添	12 ○ 寄り切り 十文字
13 ○ 寄り切り 翔天狼	13 ● 寄り切り 栃煌山	13 ○ 上手投げ 白乃波
14 ○ 叩き込み 豊響	14 ○ 押し出し 豊響	14 ○ 寄り切り 北勝力
15 ○ 押し出し 木村山	15 ● 引き落とし 豪風	15 ○ 上手投げ 春日錦

1月場所

西前頭7枚目
9勝6敗

1	○	掬い投げ	玉鷲
2	●	寄り倒し	安美錦
3	○	寄り倒し	嘉風
4	●	押し出し	垣添
5	○	押し倒し	武州山
6	○	押し出し	豪風
7	○	寄り切り	玉乃島
8	●	寄り切り	旭天鵬
9	○	下手投げ	翔天狼
10	○	上手投げ	黒海
11	●	押し出し	阿覧
12	○	掬い投げ	土佐豊
13	○	上手投げ	白馬
14	●	寄り切り	豪栄道
15	●	押し出し	豊響

3月場所

西前頭筆頭
6勝9敗

1	●	突き落とし	魁皇
2	●	寄り切り	日馬富士
3	●	寄り切り	白鵬
4	●	寄り切り	琴欧洲
5	●	寄り倒し	把瑠都
6	●	寄り切り	琴光喜
7	●	寄り切り	安美錦
8	○	寄り切り	阿覧
9	○	叩き込み	豪風
10	○	突き落とし	豊ノ島
11	●	寄り切り	鶴竜
12	○	寄り切り	旭天鵬
13	○	突き落とし	土佐豊
14	●	突き落とし	玉鷲
15	○	押し出し	嘉風

183.5cm　156.6kg

5月場所

西前頭3枚目
6勝9敗

1	●	寄り切り	安美錦
2	●	寄り切り	琴奨菊
3	●	ちょん掛け	朝赤龍
4	●	突き落とし	白馬
5	●	叩き込み	雅山
6	●	寄り切り	白鵬
7	□	不戦勝	豊真将
8	●	寄り切り	魁皇
9	●	送り倒し	日馬富士
10	●	寄り切り	時天空
11	○	寄り切り	豊ノ島
12	○	掬い投げ	玉鷲
13	○	寄り切り	垣添
14	○	寄り倒し	黒海
15	○	叩き込み	木村山

7月場所

東前頭7枚目
9勝6敗

1	●	寄り切り	鶴竜
2	○	掬い投げ	北太樹
3	●	寄り切り	時天空
4	○	寄り切り	垣添
5	●	押し出し	豪風
6	○	寄り切り	嘉風
7	○	叩き込み	黒海
8	●	上手投げ	安美錦
9	○	叩き込み	栃煌山
10	○	寄り切り	高見盛
11	○	寄り切り	徳瀬川
12	●	寄り切り	阿覧
13	○	寄り切り	猛虎浪
14	●	寄り切り	土佐豊
15	○	肩透かし	琴奨菊

9月場所

西前頭筆頭
5勝10敗

1	●	突き出し	把瑠都
2	●	寄り切り	魁皇
3	●	寄り切り	白鵬
4	●	寄り切り	日馬富士
5	●	押し出し	琴欧洲
6	●	寄り切り	鶴竜
7	●	押し出し	栃煌山
8	●	寄り切り	栃ノ心
9	●	押し出し	阿覧
10	○	寄り倒し	時天空
11	○	突き落とし	高見盛
12	●	切り返し	徳瀬川
13	○	寄り倒し	豊真将
14	○	上手投げ	猛虎浪
15	○	掬い投げ	土佐豊

11月場所

西前頭5枚目
5勝10敗

1	●	押し出し	豪風
2	●	寄り切り	徳瀬川
3	●	叩き込み	嘉風
4	●	掬い投げ	黒海
5	○	寄り倒し	白馬
6	○	寄り切り	木村山
7	●	押し出し	玉鷲
8	○	寄り切り	琴春日
9	●	押し倒し	朝赤龍
10	●	引き落とし	霜鳳
11	○	寄り切り	蒼国来
12	●	押し出し	臥牙丸
13	○	突き落とし	豊真将
14	●	押し出し	安美錦
15	●	寄り切り	北太樹

184.0cm　158.0kg

●平成23(2011)年

1月場所

西前頭9枚目
8勝7敗

1	○	叩き込み	雅山
2	○	押し出し	時天空
3	○	寄り切り	翔天狼
4	○	押し倒し	土佐豊
5	○	寄り倒し	白馬
6	●	寄り切り	北太樹
7	○	掬い投げ	高見盛
8	○	押し出し	木村山
9	●	押し出し	臥牙丸
10	●	小手投げ	栃乃洋
11	●	下手投げ	隠岐の海
12	●	押し出し	豪栄道
13	●	押し倒し	豊響
14	●	寄り切り	旭天鵬
15	○	肩透かし	光龍

3月場所

開催中止

技量審査場所

西前頭5枚目
7勝8敗

1	○	掬い投げ	阿覧
2	○	肩透かし	隠岐の海
3	●	寄り切り	栃ノ心
4	●	押し出し	豪風
5	●	寄り切り	玉鷲
6	○	押し出し	豊真将
7	○	寄り切り	旭天鵬
8	●	引き落とし	嘉風
9	●	押し倒し	安美錦
10	○	送り出し	翔天狼
11	●	寄り切り	土佐豊
12	●	押し出し	栃乃若
13	○	寄り切り	北太樹
14	○	押し出し	時天空
15	●	寄り切り	栃煌山

7月場所

西前頭5枚目
9勝6敗

1	●	寄り切り	魁聖
2	●	叩き込み	豪風
3	○	寄り切り	隠岐の海
4	●	押し出し	玉鷲
5	○	寄り切り	阿覧
6	○	上手投げ	時天空
7	○	掬い投げ	臥牙丸
8	●	押し出し	栃煌山
9	○	寄り切り	豊真将
10	○	送り出し	雅山
11	○	寄り切り	朝赤龍
12	●	引き落とし	嘉風
13	●	叩き込み	栃乃若
14	○	掬い投げ	琴奨菊
15	○	寄り切り	磋牙司

9月場所

東前頭2枚目
4勝11敗

1	●	小手投げ	琴奨菊
2	○	送り出し	鶴竜
3	●	寄り切り	日馬富士
4	●	寄り切り	白鵬
5	○	掬い投げ	琴欧洲
6	●	突き出し	把瑠都
7	●	上手投げ	時天空
8	●	引き落とし	嘉風
9	●	叩き込み	阿覧
10	●	叩き込み	豪風
11	●	寄り切り	豊ノ島
12	●	寄り切り	隠岐の海
13	●	押し出し	富士東
14	○	寄り切り	魁聖
15	○	寄り切り	翔天狼

11月場所

東前頭9枚目
2勝4敗9休

1	●	押し出し	若荒雄
2	●	寄り切り	富士東
3	○	上手投げ	黒海
4	●	押し出し	豪風
5	○	下手投げ	時天空
6	■	不戦敗	大道
7	や		
8	や		
9	や		
10	や		
11	や		
12	や		
13	や		
14	や		
15	や		

184.0cm　162.0kg

1月場所

西十両2枚目
11勝4敗

1	●	上手出し投げ	宝富士
2	●	押し出し	玉鷲
3	○	上手投げ	寶智山
4	○	上手捻り	黒海
5	●	押し出し	翔天狼
6	○	上手投げ	勢
7	●	押し出し	舛ノ山
8	○	上手投げ	木村山
9	○	寄り切り	徳勝龍
10	○	突き落とし	武州山
11	○	引き落とし	琴勇輝
12	○	叩き込み	益荒海
13	○	肩透かし	旭日松
14	○	押し出し	皇風
15	○	突き落とし	双大竜

3月場所

西前頭13枚目
8勝7敗

1	●	寄り切り	北太樹
2	○	掬い投げ	寶智山
3	○	掬い投げ	勢
4	●	押し倒し	翔天狼
5	●	上手出し投げ	宝富士
6	○	下手出し投げ	玉鷲
7	○	上手投げ	大道
8	○	肩透かし	碧山
9	○	寄り切り	朝赤龍
10	●	押し出し	豊響
11	○	押し倒し	雅山
12	●	寄り切り	豪栄道
13	○	叩き込み	松鳳山
14	●	押し出し	豪風
15	●	突き出し	佐田の富士

5月場所

東前頭10枚目
5勝10敗

1	○	押し出し	嘉風
2	○	寄り切り	北太樹
3	○	下手投げ	翔天狼
4	●	叩き込み	若荒雄
5	●	ちょん掛け	朝赤龍
6	●	押し出し	栃煌山
7	●	押し出し	皇風
8	○	下手投げ	大道
9	●	叩き込み	栃ノ心
10	●	押し出し	玉鷲
11	●	押し出し	碧山
12	○	寄り切り	栃乃若
13	●	引き落とし	雅山
14	●	押し出し	松鳳山
15	●	押し出し	魁聖

7月場所

西前頭14枚目
8勝7敗

1	○	掬い投げ	寶智山
2	●	上手投げ	千代大龍
3	●	寄り切り	舛ノ山
4	○	寄り倒し	玉飛鳥
5	●	寄り切り	北太樹
6	○	寄り切り	栃乃若
7	●	押し出し	佐田の富士
8	○	上手投げ	大道
9	●	寄り倒し	勢
10	○	引き落とし	嘉風
11	○	掬い投げ	豊響
12	○	掬い投げ	宝富士
13	●	押し出し	臥牙丸
14	○	寄り切り	翔天狼
15	●	上手出し投げ	豊真将

9月場所

西前頭11枚目
7勝8敗

1	○	叩き込み	千代大龍
2	○	寄り切り	宝富士
3	●	上手出し投げ	天鎧鵬
4	○	寄り切り	大道
5	●	叩き込み	翔天狼
6	●	押し出し	旭日松
7	●	寄り切り	隠岐の海
8	○	押し出し	木村山
9	●	押し倒し	雅山
10	●	引き落とし	若荒雄
11	○	叩き込み	佐田の富士
12	○	突き落とし	時天空
13	●	押し出し	舛ノ山
14	○	寄り切り	旭天鵬
15	●	突き出し	富士東

11月場所

西前頭12枚目
8勝7敗

1	○	叩き込み	富士東
2	○	押し出し	雅山
3	□	不戦勝	朝赤龍
4	●	寄り切り	千代の国
5	○	掬い投げ	芳東
6	○	掬い投げ	千代大龍
7	●	押し出し	旭日松
8	●	寄り切り	旭天鵬
9	●	寄り切り	豊ノ島
10	○	掬い投げ	常幸龍
11	●	肩透かし	時天空
12	●	押し出し	若荒雄
13	○	掬い投げ	玉鷲
14	○	送り出し	北太樹
15	●	突き倒し	嘉風

184.0cm　161.0kg

●平成25(2013)年

1月場所

東前頭11枚目
4勝11敗

1	●	寄り切り	隠岐の海
2	○	掬い投げ	佐田の富士
3	○	突き落とし	玉鷲
4	●	寄り切り	時天空
5	●	送り出し	豪風
6	●	寄り切り	嘉風
7	●	寄り切り	栃乃若
8	○	つきひざ	千代大龍
9	●	押し出し	琴勇輝
10	●	引き落とし	栃ノ心
11	○	押し出し	雅山
12	●	押し出し	旭日松
13	●	押し出し	豊響
14	●	押し出し	臥牙丸
15	●	押し出し	翔天狼

3月場所

西前頭16枚目
9勝6敗

1	○	押し出し	大岩戸
2	○	肩透かし	大道
3	●	押し出し	翔天狼
4	○	掬い投げ	佐田の富士
5	●	押し出し	舛ノ山
6	●	引き落とし	豪風
7	○	寄り切り	旭秀鵬
8	□	不戦勝	磋牙司
9	○	押し倒し	嘉風
10	○	掬い投げ	双大竜
11	●	寄り切り	宝富士
12	○	寄り切り	富士東
13	●	小手投げ	旭天鵬
14	●	押し出し	臥牙丸
15	○	上手投げ	常幸龍

5月場所

東前頭12枚目
6勝9敗

1	●	押し倒し	旭秀鵬
2	●	押し出し	臥牙丸
3	○	上手投げ	千代鳳
4	●	寄り切り	勢
5	●	突き出し	佐田の富士
6	●	小手投げ	舛ノ山
7	○	寄り倒し	大喜鵬
8	●	寄り切り	常幸龍
9	○	寄り切り	旭天鵬
10	○	寄り倒し	誉富士
11	○	小手投げ	時天空
12	●	突き落とし	宝富士
13	●	突き出し	魁聖
14	●	突き落とし	千代の国
15	○	寄り切り	東龍

7月場所

東前頭15枚目
7勝8敗

1	○	寄り切り	玉飛鳥
2	●	押し出し	翔天狼
3	○	寄り切り	徳勝龍
4	●	押し出し	旭秀鵬
5	●	寄り切り	蒼国来
6	○	上手投げ	常幸龍
7	○	掬い投げ	大道
8	●	小手投げ	玉鷲
9	●	押し出し	魁聖
10	●	引き落とし	阿覧
11	●	押し出し	琴勇輝
12	○	叩き込み	佐田の富士
13	●	首投げ	隠岐の海
14	○	突き落とし	舛ノ山
15	○	押し出し	嘉風

9月場所

東前頭15枚目
4勝11敗

1	●	寄り切り	玉飛鳥
2	●	小手投げ	常幸龍
3	●	引き落とし	旭日松
4	●	押し出し	豪風
5	●	押し出し	佐田の富士
6	●	肩透かし	豊真将
7	●	送り出し	臥牙丸
8	○	掬い投げ	富士東
9	○	寄り倒し	徳勝龍
10	●	首投げ	北太樹
11	●	寄り切り	天鎧鵬
12	●	押し出し	千代の国
13	●	押し出し	琴勇輝
14	○	寄り切り	翔天狼
15	○	寄り切り	阿覧

11月場所

西十両5枚目
8勝7敗

1	●	肩透かし	里山
2	●	押し出し	旭日松
3	○	寄り切り	芳東
4	○	寄り切り	東龍
5	●	寄り切り	千代鳳
6	○	小手投げ	鏡桜
7	○	押し倒し	大喜鵬
8	○	寄り切り	明瀬山
9	●	叩き込み	千代の国
10	○	上手投げ	貴ノ岩
11	●	叩き込み	若荒雄
12	○	押し出し	青狼
13	○	小手投げ	双大竜
14	●	叩き込み	木村山
15	●	上手投げ	大道

184.0cm 161.0kg

1月場所

西十両4枚目
5勝10敗

1	●	突き落とし	千代の国
2	●	寄り切り	玉飛鳥
3	●	寄り切り	千代皇
4	●	極め出し	照ノ富士
5	○	寄り切り	誉富士
6	●	引き落とし	旭日松
7	●	寄り切り	徳真鵬
8	○	上手投げ	天鎧鵬
9	○	寄り切り	蒼国来
10	○	送り出し	木村山
11	●	掬い投げ	芳東
12	●	寄り切り	魁
13	●	寄り切り	青狼
14	○	寄り切り	大喜鵬
15	●	勇み足	佐田の海

3月場所

西十両8枚目
9勝6敗

1	○	上手出し投げ	蒼国来
2	○	突き落とし	肥後ノ城
3	●	引き落とし	徳真鵬
4	○	突き落とし	双大竜
5	○	寄り切り	千代皇
6	●	押し出し	琴勇輝
7	○	突き落とし	大道
8	●	とったり	北磻磨
9	○	寄り切り	阿夢露
10	●	叩き込み	時天空
11	○	下手投げ	青狼
12	●	寄り切り	豊真将
13	○	寄り切り	若荒雄
14	○	上手投げ	明瀬山
15	●	突き落とし	千代の国

5月場所

西十両3枚目
9勝6敗

1	○	肩透かし	旭日松
2	○	上手出し投げ	朝赤龍
3	●	寄り切り	佐田の富士
4	○	突き落とし	千代皇
5	○	寄り切り	東龍
6	○	寄り切り	玉飛鳥
7	●	寄り切り	時天空
8	○	押し出し	天鎧鵬
9	○	肩透かし	大道
10	●	上手投げ	逸ノ城
11	○	押し出し	双大竜
12	●	寄り切り	臥牙丸
13	●	押し出し	琴勇輝
14	●	寄り切り	舛ノ山
15	○	肩透かし	誉富士

7月場所

東前頭16枚目
5勝10敗

1	●	内掛け	時天空
2	○	寄り切り	荒鷲
3	●	押し出し	千代丸
4	●	下手投げ	隠岐の海
5	●	上手投げ	東龍
6	●	寄り切り	臥牙丸
7	●	浴せ倒し	佐田の海
8	○	掬い投げ	鏡桜
9	○	上手投げ	徳勝龍
10	●	寄り切り	宝富士
11	○	寄り切り	旭秀鵬
12	●	寄り切り	蒼国来
13	●	寄り切り	逸ノ城
14	○	押し出し	旭天鵬
15	●	寄り切り	舛ノ山

9月場所

東十両5枚目
6勝9敗

1	●	押し出し	琴勇輝
2	●	寄り切り	玉飛鳥
3	●	寄り切り	誉富士
4	●	寄り倒し	双大竜
5	●	押し出し	翔天狼
6	○	叩き込み	臥牙丸
7	○	上手出し投げ	舛ノ山
8	●	押し出し	旭日松
9	○	押し出し	魁
10	●	押し出し	徳真鵬
11	●	寄り切り	富士東
12	○	小手投げ	北磻磨
13	○	上手投げ	旭大星
14	○	寄り切り	明瀬山
15	●	寄り切り	時天空

11月場所

西十両6枚目
9勝6敗

1	●	引き落とし	旭日松
2	○	寄り切り	土佐豊
3	○	寄り切り	双大竜
4	○	押し出し	北磻磨
5	○	下手投げ	玉飛鳥
6	○	上手投げ	青狼
7	●	突き落とし	千代皇
8	●	寄り切り	天鎧鵬
9	●	寄り切り	時天空
10	○	掬い投げ	輝
11	○	叩き込み	鏡桜
12	○	叩き込み	栃飛龍
13	●	突き出し	佐田の富士
14	○	突き落とし	大栄翔
15	●	叩き込み	大道

平成27(2015)年

1月場所

西十両筆頭
5勝10敗

1	●	上手投げ	阿夢露
2	○	上手出し投げ	朝赤龍
3	○	叩き込み	大道
4	●	押し出し	臥牙丸
5	●	押し出し	貴ノ岩
6	●	突き落とし	徳勝龍
7	●	送り出し	北太樹
8	●	押し出し	翔天狼
9	○	突き落とし	北磻磨
10	○	押し出し	里山
11	●	寄り切り	玉飛鳥
12	●	押し出し	富士東
13	●	首投げ	双大竜
14	●	下手投げ	魁
15	○	叩き込み	栃飛龍

3月場所

西十両4枚目
6勝9敗

1	●	上手投げ	青狼
2	○	押し倒し	大道
3	○	寄り切り	朝赤龍
4	●	押し出し	旭日松
5	○	押し出し	輝
6	○	引き落とし	鏡桜
7	●	寄り切り	玉飛鳥
8	○	上手出し投げ	英乃海
9	●	押し出し	富士東
10	●	押し出し	千代大龍
11	●	寄り切り	天鎧鵬
12	○	叩き込み	阿武咲
13	●	突き落とし	大栄翔
14	●	突き落とし	北磻磨
15	●	押し出し	石浦

5月場所

西十両7枚目
5勝10敗

1	○	叩き込み	旭日松
2	●	押し出し	翔天狼
3	●	寄り切り	鏡桜
4	●	寄り切り	英乃海
5	●	押し出し	天風
6	○	寄り切り	大道
7	○	寄り倒し	玉飛鳥
8	○	寄り切り	出羽疾風
9	●	押し出し	北磻磨
10	●	押し出し	千代皇
11	●	寄り切り	天鎧鵬
12	●	押し出し	千代大龍
13	●	押し出し	阿武咲
14	●	寄り切り	松鳳山
15	○	上手投げ	明瀬山

7月場所

西十両11枚目
4勝11敗

1	●	上手投げ	大道
2	●	押し出し	高立
3	●	寄り切り	明瀬山
4	●	押し出し	翔天狼
5	○	肩透かし	玉飛鳥
6	●	押し出し	阿炎
7	○	寄り切り	若乃島
8	○	上手投げ	錦木
9	●	押し出し	徳真鵬
10	●	寄り切り	石浦
11	●	突き落とし	荒鷲
12	●	寄り切り	出羽疾風
13	○	引き落とし	天風
14	●	押し出し	旭日松
15	●	寄り切り	天鎧鵬

9月場所

東幕下4枚目

引退

年寄・西岩襲名

●プロフィール

西岩 忍

本名　古川 忍

現役四股名　若の里 忍

昭和51(1976)年7月10日生まれ。青森県弘前市出身。小学6年生のとき、鳴戸親方(元横綱隆の里)と出会う。弘前市立第二中学校相撲部で3年間を過ごし、平成4(1992)年、鳴戸部屋に入門。同年3月場所に「古川」の四股名で初土俵を踏む。平成9年11月場所で新十両となり「若の里」に改名、新十両優勝を収めた。翌年5月場所で新入幕を果たし、同場所では10勝を挙げ敢闘賞を受賞。平成13年1月場所には関脇に昇進。三役連続在位19場所は史上第1位の記録。平成27年9月場所前に現役引退を発表。年寄・12代「西岩」を襲名した。現在は田子ノ浦部屋の部屋付き親方として、後進の指導に当たる一方、将来的な独立の意向を表明している。

写真提供：朝日新聞社(口絵、P8、P143)／柿崎真子(P55)／共同通信社(P97上)／産経新聞社(口絵、P83、P139、P159下、P198)／東奥日報社(P35)／毎日新聞社(口絵、P97下、P111)／渡邉直子(表紙)／西岩忍

写真撮影：トヨサキジュン(P185)

『たたき上げ』 若の里自伝

2016年5月30日　初版第一刷発行
2017年4月26日　　　第三刷発行

著者　西岩 忍

発行者　加藤玄一

発行所　株式会社 大空出版
東京都千代田区神田神保町3-10-2
共立ビル8階
電話　03-3221-0977

編集　荒井太郎 『相撲ファン』編集部
校正　齊藤和彦
デザイン　大類百世　芥川葉子　竹鶴仁惠（大空出版）
印刷・製本　シナノ書籍印刷株式会社

ISBN978-4-903175-65-2 C0075